Mosaik
bei GOLDMANN

Buch

Noch immer fällt es vielen Frauen schwer, ihre Meinung sicher und frei zu äußern. Sie haben Schwierigkeiten, an beruflichen und privaten Diskussionen aktiv teilzunehmen, sie können Kritik nur mit Mühe ausdrücken oder angemessen darauf reagieren.

Das Autorenteam Christiane Tillner und Dr. Norbert Franck hat deshalb einen Leitfaden verfasst, der sich speziell an Frauen wendet. Anhand von Fallbeispielen, Übungen und praktischen Ratschlägen zu Themen wie Nein-Sagen, Kritik üben, Kritik annehmen und Diskussionen gestalten lernen Frauen, selbstsicher zu reden – und selbstsicher zu werden.

Autoren

Christiane Tillner, Diplom-Pädagogin, ist Leiterin des Frauenbüros der Universität Osnabrück. Seit 1980 führt sie Selbstsicherheits- und Rhetorikkurse für Frauen durch.

Dr. Norbert Franck arbeitet im PR-Bereich und unterrichtet in der Weiterbildung. Er ist Autor zahlreicher Sachbücher.

CHRISTIANE TILLNER
NORBERT FRANCK

Selbstsicher reden

Ein Leitfaden für Frauen

Umwelthinweis:
Alle bedruckten Materialien dieses Taschenbuches
sind chlorfrei und umweltschonend.

Vollständig überarbeitete Taschenbuchausgabe April 2000
Wilhelm Goldmann Verlag, München
in der Verlagsgruppe Bertelsmann GmbH
© 1990 Mosaik Verlag, München
in der Verlagsgruppe Bertelsmann GmbH
Umschlaggestaltung: Design Team München
unter Verwendung folgender Fotos:
Umschlag: Zefa, Masterfile
Umschlaginnenseiten: The Image Bank, Donata Pizzi
Redaktion: Petra Kunze
Druck: Elsnerdruck, Berlin
Verlagsnummer: 16262
Kö · Herstellung: Max Widmaier
Made in Germany
ISBN 3-442-16262-9

1 3 5 7 9 10 8 6 4 2

Inhalt

Einleitung 7

Mein Lernprogramm: Eine Verabredung 11

Persönliche Rechte 16
»Was werden die anderen denken?« 19
Eine Fantasie-Reise 21

Kritisieren und kritisiert werden 26
Kritisieren 27
Kritik und Gefühle 35
Kritisiert werden 38
Kritik herausfordern 43
Und wo bleibt das Positive? 48

Diskussionen bestehen 51
In eine Diskussion einsteigen 52
Strukturiert argumentieren 55
Eine Diskussion leiten 65
Auf Zwischenrufe und Zwischenfragen reagieren 72

Rhetorische Strategien abwehren 79
Rhetorische Strategien 81
Reaktions-Möglichkeiten 84

Nicht überhört werden 91
  Sprache: Von Frauen muss die Rede sein 91
  Gesprächsverhalten: Bestimmt reden 95
  10 Tipps für Gespräche
  in gemischtgeschlechtlichen Gruppen 100

Fordern und ablehnen 103
  »Nein« sagen 103
  Wünschen und fordern 116
  Die Frauenbild-Falle 128

Jetzt rede ich: Referat, Vortrag, Rede 134
  Referat, Vortrag, Rede vorbereiten 135
  Referat, Vortrag, Rede halten 150

Verständnisorientierte Kommunikation 163
  Kommunikations-Barrieren 165
  Kommunikations-Hilfen 169

Literaturhinweise 173
Sachregister 175

Einleitung

Seit fast zwanzig Jahren führen wir Kurse für Frauen durch, die lernen möchten, sicherer zu reden. Dieser Leitfaden ist ein Ergebnis unserer Arbeit. Um Ihnen eine erste Vorstellung davon zu vermitteln, worum es auf den folgenden Seiten geht, stellen wir Ihnen einige Frauen vor, die an unseren Kursen teilgenommen haben.

Petra T. (32) ist verheiratet und Mutter zweier Kinder. Als ihr erstes Kind geboren wurde, gab sie ihre Stelle als Lehrerin auf. Seitdem ist sie Hausfrau. Sie beobachtet besorgt, dass sie im Kreis der Kolleginnen und Kollegen ihres Mannes zunehmend »verstummt«, sich immer mehr zurückzieht, nichts sagt. Ihr eigener Bekanntenkreis ist immer kleiner geworden, seit sie aus dem Schuldienst ausgeschieden ist. Petra kann auch, sagt sie, nicht mit Kritik umgehen. Wird sie kritisiert, bekommt sie prompt Schuldgefühle, die sie noch tagelang beschäftigen. Und sie traut sich fast nie, Kritik auszusprechen.

Sigrid B. (38) ist medizinisch-technische Assistentin in einem Krankenhaus. Sie hat Schwierigkeiten, in einer größeren Gruppe zu reden. Ist sie mit mehr als sechs bis acht Personen zusammen, sagt sie entweder überhaupt nichts oder macht nur kurze Bemerkungen. Sigrid meint, ihre Stimme würde zittern, wenn sich in einer größeren Gruppe die Aufmerksamkeit auf sie richtet. Sie befürchtet, den »roten Faden« zu verlieren, wenn sie längere Zeit spricht.

Birgit S. (28) war Beamtin. Sie kündigte, um das Abitur nachzumachen. Sie möchte in Diskussionen nicht immer gleich aufgeben, sie möchte ihre Meinung energischer vertreten. Und sie möchte lernen, klar und deutlich zu sagen, wenn ihr etwas nicht passt.

Elisabeth K. (44) hat sich nach acht Jahren Ehe scheiden lassen. Zusammen mit ihrer siebzehnjährigen Tochter lebt sie seit vier Jahren in einem Einfamilienhaus, das unter Denkmalschutz steht. Elisabeth und ihre Tochter haben dieses Haus ohne fremde Hilfe komplett renoviert und – unter Beachtung von vielen Auflagen der Denkmalpflege – zu einem gemütlichen Zuhause gemacht.

Als wir im Kurs alle Frauen aufforderten, der Gruppe drei Stärken, Fähigkeiten oder Leistungen mitzuteilen, aus denen sie Kraft schöpfen, auf die sie stolz sind, die sie nicht missen möchten – kommen Elisabeth die Tränen: Ihr fällt nichts ein. Alles, was sie kann, was sie bewältigt, gemeistert hat, erscheint ihr selbstverständlich. Sie kann bei sich nur Unzulänglichkeiten und Schwächen entdecken. Deshalb hört sie in Gesprächen meist nur zu. Sie meint, sie habe nichts beizutragen.

Monika F. (23) ist Sekretärin. Sie leidet darunter, dass der Chef ihr häufig über den Mund fährt. Und sie fühlt sich oft von Kollegen herabgesetzt. Sie ärgert sich, dass ihr immer erst im Nachhinein Antworten und Argumente einfallen, mit denen sie hätte reagieren können.

Um die Lösung der Schwierigkeiten und Probleme von Birgit, Elisabeth, Monika, Petra und Sigrid geht es in diesem Buch:
- vor anderen, in einer größeren Gruppe reden,
- sich an Diskussionen beteiligen,
- zu den persönlichen Stärken stehen

Einleitung

- die eigene Meinung vertreten, sich argumentativ behaupten,
- Kritik äußern,
- auf Kritik angemessen reagieren.

Unser Leitfaden will – kurz gesagt – helfen, zu den *eigenen Wünschen, Bedürfnissen, Meinungen und Auffassungen zu stehen und sie selbstbewusst zu äußern und zu vertreten.* Der Leitfaden ist kein Rhetorik-Buch im traditionellen Sinne. Es geht nicht um das, was viele unter »gutem« Reden verstehen:
- mit »eleganten« oder »brillanten« Formulierungen glänzen,
- immer ein geflügeltes Wort oder Zitat parat haben,
- zu allem und jedem etwas sagen können, das intelligent klingt,
- andere mit Tricks und Kniffen sprachlich überrumpeln.

Es geht auch nicht um *sicheres* Reden in dem Sinne, dass Sie lernen, Unsicherheiten nicht zu zeigen. Es geht um *selbstsicheres* Reden: darum, *Ihre* Persönlichkeit, *Ihr* Selbst (Ich) sicher zu äußern. Das ist ein anderer Zugang als der, Unsicherheiten, Ängste und Zweifel zu ignorieren oder ihnen rhetorische Fähigkeiten überzustülpen. Zu *selbstsicherem* Reden gehört nach unserem Verständnis auch, offen über solche Unsicherheiten, Ängste und Zweifel zu reden. *Selbstsicheres* Reden meint nicht: sich an Vorbildern zu orientieren. Es meint vielmehr: *sich selbst wichtig zu nehmen* und sich darum zu bemühen, diesem Selbst den *gewünschten* Ausdruck zu geben. Dafür wollen wir Hinweise und Hilfestellungen geben.

Unsere Hinweise und Hilfestellungen sind keine Patentrezepte und nicht der Schlüssel zur Lösung aller Selbstunsicherheiten. Es gibt Barrieren und Schwierigkeiten, die individuell nicht zu überwinden sind. Wenn, zum Beispiel, in einem

Seminar an der Hochschule ein Thema der Frauenforschung von Studenten oder dem Professor als »Frauen«-Thema belächelt und die Diskussion dieses Themas verhindert wird, dann müssen sich die Studentinnen gemeinsam wehren und etwas ändern. Wenn, zum Beispiel, in einem Unternehmen Frauen keine Chance haben, Abteilungsleiterin zu werden, dann muss der Betriebsrat aktiv werden.

Sie sollten unsere Hinweise kritisch prüfen – mit Ihrem Verstand *und* Ihrem Gefühl. Erscheinen Ihnen unsere Empfehlungen plausibel? Können Sie unsere Hinweise mit Ihren Gefühlen verbinden? So können Sie sicherstellen, dass unser Leitfaden kein Leid-Faden wird. Die Übungen ermöglichen Ihnen, den Gebrauchswert unseres Angebots kritisch zu beurteilen, unsere Anregungen zunächst einmal gedanklich auszuprobieren.

Wir bitten Sie zudem, nicht vorschnell mit *das geht so nicht* oder *das ist unmöglich* zu reagieren. Wir haben dem Leitfaden nicht den Titel gegeben »Selbstsicher reden *leicht gemacht*«. Anstrengungen können wir Ihnen nicht ersparen. Trauen Sie sich, Neues und Ungewohntes auszuprobieren. Unsere Kurserfahrungen zeigen: Solche Anstrengungen lohnen, selbstsicheres Reden kann erlernt werden.

Wir haben von den Teilnehmerinnen unserer Kurse viel gelernt, weil sie nie locker gelassen haben und uns zwangen, unser Angebot konkret und präzise auf alltägliche Probleme von Frauen zu beziehen. Sie haben es uns ermöglicht, diesen Leitfaden zu schreiben.

Osnabrück, Bonn
Winter 1999

Christiane Tillner
Norbert Franck

Mein Lernprogramm:
Eine Verabredung

Der Leitfaden wendet sich an kritische Leserinnen. Wir möchten Ihnen nichts einreden. Wir möchten Sie vielmehr auffordern, unser Angebot sorgfältig zu prüfen. Fragen Sie in jedem Abschnitt:
- Sehe ich das auch so?
- Stimmt das mit meinen Erfahrungen überein?
- Kann ich diese Empfehlung annehmen?
- Kann ich mit diesem Hinweis etwas anfangen?
- Passt das in meinen Lebenszusammenhang?

Wir wünschen uns, dass Sie einen Dialog mit dem Text führen. In diesem Dialog verwenden Sie bitte häufig das Wort »weil«:
- »Das sehe ich nicht ein, *weil* ...«
- »Darüber will ich weiter nachdenken, *weil* ...«
- »Das will ich ausprobieren, *weil* ...«
- »Darüber möchte ich mit jemandem reden, *weil* ...«

Sie fragen vielleicht, was das soll. – Der Leitfaden fordert Sie zu Veränderungen im Denken und Verhalten auf. Solche Veränderungen sind nur dann sinnvoll, und sie können nur dann erfolgreich sein, wenn sie von Ihnen auch wirklich gewollt sind. Deshalb fordern wir Sie auf, *begründet* ja oder nein zu sagen zu dem, was wir Ihnen anbieten.

Treffen Sie mit sich eine Lern-Verabredung. Legen Sie für sich fest, für welche Schwierigkeiten und Probleme, für welche Verhaltensweisen und für welche Lebensbereiche Sie etwas lernen bzw. verändern wollen. Schaffen Sie sich eine Grundlage für die kritische und gezielte Lektüre des Leitfadens.

Vor dem Hintergrund unserer Kurs-Erfahrungen haben wir einige Denk- und Verhaltensweisen aufgeführt. Schauen Sie sich bitte zunächst diese Liste auf der Seite 13f. an, und lesen Sie erst dann weiter.

Die Lern-Verabredung fordert Sie zu folgender Überlegung auf: Welche der aufgeführten Denk- und Verhaltensweisen möchte ich in meinem Alltag

- viel mehr...
- mehr...
- etwas mehr... umsetzen.

Überlegen Sie, ob Sie zum Beispiel kleine Fehler

- viel häufiger (= viel mehr),
- häufiger (= mehr),
- etwas häufiger (= etwas mehr) zugeben möchten.

Halten Sie Ihre Überlegungen nach dem Muster auf der gegenüberliegenden Seite schriftlich fest. Wenn Sie zum Beispiel kleine Fehler häufiger zugeben möchten, halten Sie dies in der Rubrik »ich möchte mehr« fest. Setzen Sie diesen Satz fort, beginnend mit »weil«. Notieren Sie, warum Sie »kleine Fehler häufiger zugeben« möchten. Gehen Sie auf diese Weise die gesamte Liste der Denk- und Verhaltensweisen durch, und übertragen Sie das für Sie Zutreffende in die drei Rubriken. Und fügen Sie stets einen begründenden »Weil«-Satz hinzu.

Unsere Aufzählung ist nicht vollständig. Überlegen Sie, was Ihnen in der Liste fehlt, und tragen Sie dies ebenfalls in eine der drei Rubriken ein.

Mein Lernprogramm: Eine Verabredung

LERN-VERABREDUNG

Ich möchte:

viel mehr _____ weil _____

_____   _____

_____   _____

_____   _____

mehr _____   weil _____

_____   _____

_____   _____

_____   _____

etwas mehr _____ weil _____

_____   _____

_____   _____

_____   _____

Treffen Sie nun Ihre Lern-Verabredung.

LERN-VERABREDUNG:
DENK- UND VERHALTENSWEISEN

✗ *Ich möchte:*

- mich wehren
- klar und direkt das ansprechen, was mir nicht passt
- meine Wünsche äußern
- meine Gefühle ausdrücken

- über meine Ängste und Unsicherheiten sprechen
- Zuneigung, Liebe und Sympathie zeigen
- kleine Fehler zugeben
- Verantwortung übernehmen
- positiv über mich denken
- nein sagen
- mir gestatten, etwas nicht zu verstehen
- gelassen auf Kritik reagieren
- spontan meine Meinung sagen
- in einer größeren Gruppe reden
- auf meinen Forderungen beharren
- mich auf meine Stärken besinnen

Vielleicht hat Sie die Beschäftigung mit der Lern-Verabredung nicht gerade froh gestimmt. Vielleicht sind Sie sogar erschrocken, dass Sie so viel verändern möchten. Wir wollen keinen billigen Trost spenden. Wir verweisen auf zwei Erfahrungen, die Ihnen helfen können, das Ergebnis Ihrer Lern-Verabredung einzuordnen.

Erfahrung 1: Die Nachfrage nach unseren Selbstsicherheits-Kursen ist stets größer als die Zahl der Frauen, die an einem Kurs teilnehmen können. Anders ausgedrückt: Es sind nicht nur Sie, die gerne selbstsicherer wäre. Viele Frauen – auch in Ihrer Umgebung – haben diesen Wunsch. Die Mutter, die neben Ihnen in der Elternversammlung sitzt und nichts sagt, plagt sich mit Selbstsicherheits-Problemen. Ihre Kollegin im Büro, die Ihnen immer so selbstbewusst erscheint, wünscht sich, häufiger und deutlicher ihre Meinung zu sagen. Die Studentin ein Stockwerk über Ihnen hat im Seminar Angst, den Professor zu kritisieren (und schimpft dann um so heftiger auf ihn, wenn sie sich mit ihrer Freundin unterhält).

Erfahrung 2: Zwischen Unsicherheit und Selbstsicherheit liegt – bildlich gesprochen – ein langer Weg. Am Beginn des Weges steht ein mehr oder minder klares Unbehagen. Wer dieses Unbehagen benennen kann, wer bewusst Ziele formuliert, die erreicht werden sollen, ist schon mitten auf dem Weg.

Persönliche Rechte

Wie wir uns im Alltag bewegen, hängt entscheidend davon ab, welche Rechte wir haben – und davon, *ob wir uns diese Rechte auch nehmen oder einräumen.*

Wir haben zum Beispiel das Recht auf eine bestimmte Anzahl von Urlaubstagen. Und Sie werden sich in der Regel dieses Recht ganz selbstverständlich nehmen. Wir haben das Recht, innerhalb eines bestimmten Zeitraums die schriftliche Bestellung, beispielsweise einer Zeitung oder Zeitschrift, zu widerrufen. Und Sie werden das sicher auch tun, wenn Sie Ihre Meinung nach der Bestellung geändert haben. Das Grundgesetz garantiert uns Grundrechte. Und Sie beanspruchen selbstverständlich das in Artikel 5 festgelegte Recht der freien Information für sich. Sie würden heftig protestieren, wollte Ihnen jemand vorschreiben, was Sie lesen dürfen und was nicht. Allgemeiner ausgedrückt: Was wir tun, was wir fordern und uns trauen, das hängt davon ab, welche Rechte wir haben – *und ob wir sie uns auch nehmen.*

Kennen Sie Ihre persönlichen Rechte? Nehmen Sie Ihre persönlichen Rechte in Anspruch?

PERSÖNLICHE RECHTE
Neben den Menschen- und Grundrechten stehen Ihnen in Ihrem Alltag folgende persönlichen Rechte zu:
- Sie haben das Recht, Ihre Gefühle, Bedürfnisse und Meinungen zu äußern.

Persönliche Rechte

- Sie haben das Recht, Ihre Meinung zu ändern.
- Sie haben das Recht, mit Achtung behandelt zu werden – unabhängig von der Stellung, die Sie im sozialen Leben einnehmen.
- Sie haben das Recht, Ihre *Schwerpunkte* zu setzen, unabhängig von den Rollen, die Sie zur Zeit ausfüllen.
- Sie haben das Recht, nicht sofort Stellung zu nehmen, eine Frage nicht sofort zu beantworten.
- Sie haben das Recht, Fehler zu machen.
- Sie haben das Recht, etwas nicht zu verstehen und nachzufragen.
- Sie haben das Recht, Ihre Gründe und Entscheidungen nicht zu erklären oder zu rechtfertigen.
- Sie haben das Recht, die Verantwortung für Probleme anderer Menschen abzulehnen.
- Sie haben das Recht zu verlangen, was Sie möchten, zu fordern, was Ihnen zusteht.
- Sie haben das Recht, nicht immer selbstsicher zu sein.
- Sie haben das Recht, Auseinandersetzungen aus dem Weg zu gehen, auf Selbstbehauptung zu verzichten.

Diese persönlichen Rechte finden Sie in keinem Gesetzbuch. Sie können sie nicht auf dem Rechtsweg einklagen. Die persönlichen Rechte sind keine juristischen Kategorien. Es sind Komponenten selbstsicheren Denkens und Handelns, die dann wirksam werden, wenn Sie sie für sich in Anspruch nehmen.

Akzeptieren Sie diese Rechte? Und beanspruchen Sie diese Rechte?

Zunächst zur ersten Frage: Diese Rechte sind kein Freibrief für Rücksichtslosigkeit gegenüber Ihren Mitmenschen. Sie sind kein Appell für Verantwortungslosigkeit und kein Plädoyer für Egoismus. Zwei Worte finden Sie in unserer Aufzählung persönlicher Rechte nicht: das Wort »soll« und das Wort »immer« (oder »nie« und »stets«). Wir haben beispielsweise nicht geschrieben: »Ich soll *nie* meine Gründe erläutern und meine Entscheidungen rechtfertigen.« Wir haben auch nicht formuliert: »Ich soll *immer* die Verantwortung für Probleme anderer Menschen ablehnen.« Wir finden es wichtig, vor allem im Umgang mit Kindern und Jugendlichen, die Gründe für eine Entscheidung zu erläutern. Wir wünschen uns, dass mehr Menschen sich um die kleinen und großen Probleme in unserer Gesellschaft kümmern.

Wir verdeutlichen an einem Beispiel, was die persönlichen Rechte besagen: Wenn ich nach verantwortungsbewusster Abwägung aller Gesichtspunkte zu der Auffassung komme, dass es in der augenblicklichen Situation für mich besser ist, eine Entscheidung nicht zu begründen, dann nehme ich mir das Recht, auf eine Begründung zu verzichten. Allgemeiner formuliert: Die persönlichen Rechte stehen Ihnen vor dem Hintergrund Ihrer Entscheidung darüber zu, was für Sie gut ist und was nicht. Sie würden beispielsweise an den Reaktionen Ihrer Mitmenschen schnell merken, dass es nicht gut für Sie ist, wenn Sie *nie* eine Entscheidung begründen.

Bevor wir auf die zweite Frage eingehen, noch ein wichtiger Hinweis: *Die persönlichen Rechte stehen allen Menschen zu.* Wenn Sie diese Rechte für sich akzeptieren, dann folgt daraus, dass Sie diese Rechte auch anderen zubilligen. Diese Einsicht ist vor allem in folgender Hinsicht nützlich: Haben Sie akzeptiert, dass Ihnen und damit auch anderen diese Rechte zustehen, dann ist es leichter, mit den Entscheidungen und dem Verhalten Ihrer Freundinnen und Freunde oder Ihrer Kolleginnen und Kollegen umzugehen. Ein Beispiel: Ihnen wird eine Bitte abgeschlagen. Das Wissen um die persönlichen Rechte gibt Ihnen die Möglichkeit, dies nicht – wie Sie es vielleicht bisher getan haben – als Ablehnung Ihrer gesamten Person aufzufassen. Sie können vielmehr dieses Nein als das begreifen, was es in der Regel ist: Ihr Partner oder Ihre Partnerin nimmt *für sich* (und nicht gegen Sie) in einer konkreten Situation das Recht in Anspruch, anders zu denken oder zu handeln, als Sie es sich wünschen. Das mag in dieser Situation, in diesem Augenblick schmerzlich sein. Doch sich zu wünschen, jede Bitte erfüllt zu bekommen, wäre unrealistisch. Wichtig für das eigene Selbstwertgefühl und Selbstbewusstsein ist es, wie Sie langfristig ein Nein verarbeiten. Wichtig ist es, eine Ablehnung richtig einschätzen zu können. Das Wissen um die persönlichen Rechte ist hierbei hilfreich. Die Anerkennung dieser Rechte schützt davor, ein Nein von anderen pauschal als Ablehnung der gesamten Person aufzufassen (»er/sie liebt/mag mich nicht«, »ich bin ihr/ihm gleichgültig«). Um es drastisch auszudrücken: Die Anerkennung der persönlichen Rechte schützt vor selbstzerstörerischen Reaktionen.

»Was werden die anderen denken?«

Zur zweiten Frage: Nehmen Sie diese Rechte auch in der Praxis für sich in Anspruch? Wir vermuten, Ihre Antwort für einige (vielleicht die meisten) Rechte lautet »nein«. Sie würden gerne, aber Sie trauen sich – wie viele Frauen – nicht, Ihre persönlichen Rechte aktiv umzusetzen. Sie haben gelernt, dass

- »es sich nicht gehört«, klar und deutlich die eigenen Wünsche und Bedürfnisse zu äußern.
- Zurückhaltung eine »Tugend« ist.

Sie haben »Man-Sätze« wie diese gelernt: *Man*

- macht keine Fehler.
- ändert seine Meinung nicht.

Und Sie haben deshalb Angst vor der Reaktion Ihrer Mitmenschen: *Was würden die denken,*

- wenn ich unmißverständlich meine Meinung und meine Bedürfnisse äußern würde?
- wenn ich über meine Fehler sprechen würde?
- wenn ich ...?

Wenn Sie darüber nachdenken, was die anderen denken, fällt das Ergebnis Ihrer Überlegungen meist so aus: Das, was nach Ihrer *Vorstellung* die anderen denken *würden*, hält Sie davon ab, praktisch auszuprobieren, was *wirklich* passiert, wenn Sie beispielsweise deutlich Ihre Wünsche äußern. Das klingt kompliziert. Doch so kompliziert machen sich viele das Leben.

Paul Watzlawick gibt in seiner *Anleitung zum Unglücklichsein* allen, die unglücklich sein möchten, folgenden »Ratschlag«: Verewigen Sie ein Problem, indem Sie ein vermeintliches Problem zu vermeiden suchen! Er erzählt dazu folgende Geschichte: Ein Mann steht auf der Straße und klatscht alle zehn Sekunden in die Hände. Nach dem Grunde für dieses merkwürdige Verhalten befragt, erklärt er: »Um die Elefanten zu verscheuchen«. »Elefanten? Aber es sind doch hier überhaupt keine Elefanten?« Darauf er: »Na, also! Sehen Sie?« – und klatscht weiter in die Hände.*

Wir übertragen Watzlawicks Regel und seine Geschichte auf den Umgang mit den persönlichen Rechten: Sie sind mit sich

---

* Paul Watzlawick: *Anleitung zum Unglücklichsein.* München 1988, S. 51f.

unzufrieden, Sie ärgern sich, dass Sie Ihre Bedürfnisse, Gefühle und Meinungen nicht immer klar und deutlich äußern. Sie gehen davon aus, dass andere auf Ihre Wünsche und Bedürfnisse so reagieren werden, dass es für Sie eine Katastrophe wäre. Deshalb probieren Sie nie aus, ob die Reaktion auch wirklich so ausfallen würde, wie Sie es sich vorstellen: Um ein vermeintliches Problem (die negative Reaktion Ihrer Mitmenschen) zu vermeiden, »verewigen« Sie Ihr *wirkliches* Problem.

Wir meinen daher: Es führt kein Weg daran vorbei, praktisch auszuprobieren, was *wirklich* geschieht, wenn Sie Ihre persönlichen Rechte in Anspruch nehmen. Das ist nicht einfach. Wir schlagen Ihnen vor, diesen Schritt erst einmal in Gedanken durchzuspielen. Dazu möchten wir Sie zunächst auf eine »Fantasie-Reise« schicken.

Eine Fantasie-Reise

✗ Zur Reise-Vorbereitung: Suchen Sie sich zwei persönliche Rechte aus, die Sie besonders gern umsetzen möchten. Notieren Sie diese Rechte auf einem Blatt Papier:

- Ich möchte mir das Recht nehmen,…
- Und ich möchte mir das Recht nehmen,…

Versuchen Sie nun, sich vorzustellen, was passieren würde, wenn Sie sich diese Rechte tatsächlich nähmen. Halten Sie Ihre Überlegungen nach folgendem Muster schriftlich fest:

- Wenn ich…
- dann…
- Und wenn ich…
- dann…

Wie ist Ihre »Reise« verlaufen? Vergleichen Sie bitte Ihre Notizen mit unseren Kurs-Erfahrungen: Vielen Frauen fallen solche »Reisen« nicht schwer. Sie sind im Alltag ohnehin häufig damit beschäftigt, sich den Kopf anderer Menschen zu zerbrechen. Sie versuchen vorwegzunehmen, wie ihr Gegenüber auf ihren Wunsch, ihre Meinung, ihr Nein reagieren wird:

- »Was würde sie wohl denken, wenn ich …?«
- »Wie würde er wohl reagieren, wenn ich …?«.

Vielen Frauen bereiten solche »Reisen« keine Freude. Ihre Reisebilder sind in düsteren Farben gehalten:

- »Sicher wäre sie verletzt, wenn ich …«
- »Bestimmt wäre er beleidigt, wenn ich …«
- »Wahrscheinlich ruft sie mich nie mehr an, wenn ich …«
- »Ich kann ihn um keinen Gefallen mehr bitten, wenn ich …«

Die Annahmen über die negativen Folgen ihres Handelns hindern viele Frauen daran, ihre Wünsche, Bedürfnisse, Meinungen – ihre persönlichen Rechte – zu vertreten. Die Konsequenz: Ein vermeintlicher Konflikt wird vermieden – aber Wohlbefinden und Zufriedenheit stellen sich nicht ein. Ein Beispiel: Monika betreut am Sonntag Nachmittag die Kinder ihrer Freundin, obwohl sie das dringende Bedürfnis hatte auszuspannen, einfach zu faulenzen. Die Freundin freut sich, Monika ärgert sich – über sich: Wieder einmal hat sie es nicht geschafft, ihr eigenes Bedürfnis in den Vordergrund zu stellen.

Zum Unsicherheits-Programm gehören zwei Annahmen:

1. Wenn ich meine persönlichen Rechte beanspruche, hat das negative Konsequenzen.
2. Diese Konsequenzen kann ich nicht aushalten.

Also besser auf die persönlichen Rechte verzichten? Diese Schlussfolgerung hilft nicht weiter und verhindert die Entwicklung von Selbstbewusstsein – wie bei Monika.

Das Unsicherheits-Programm ist gelernt. Schon als kleines Kind lernen wir, vor allem wir Frauen, den möglichen Reaktionen der Mitmenschen größere Bedeutung beizumessen als den eigenen Wünschen und Bedürfnissen. Das Mädchen muss sich über ein Geburtstagsgeschenk, einen Rock, freuen, obwohl der ihm überhaupt nicht gefällt (auf ihrem Wunschzettel standen eine Jeans und ein Rucksack). Die Mutter putzt – weil sie meint, die Nachbarinnen würden sonst über sie reden – samstags noch die Treppe, obwohl sie die Woche über schwer gearbeitet hat und sich lieber in die Sonne legen würde.

Diese Denk- und Verhaltensmuster sind gelernt – aber kein Schicksal. Wir können gegensteuern. Das erfordert Kraft und Zeit. Die ChinesInnen sagen: »Eine Reise über tausend Kilometer beginnt mit dem ersten Schritt.« Ein erster – entscheidender – Schritt auf dem Weg zu mehr Selbstsicherheit geht in folgende Richtung: Die Annahmen, die dem Unsicherheits-Programm zu Grunde liegen, werden in Frage gestellt:

- *Wenn ich meine persönlichen Rechte beanspruche, hat das nicht notwendigerweise negative Konsequenzen. Selbstsicheres Handeln kann zu verschiedenen Ergebnissen führen.*
- *Selbst wenn mein selbstsicheres Auftreten negative Konsequenzen hat, werde ich damit fertig.*

Der erste Schritt ist also eine Denkbewegung, eine Erweiterung des Vorstellungshorizonts. Wenn ich meine persönlichen Rechte wahrnehme, kann das auch positive Folgen haben:

- Sie versteht es, dass ich die Sache anders sehe.
- Er akzeptiert es, dass ich andere Prioritäten gesetzt habe.

- Sie bewundert, dass ich klar gesagt habe, was ich nicht verstehe.
- Er schätzt es, dass ich deutlich sage, was ich wünsche, was ich mir vorstelle.
- Sie erfüllt meinen Wunsch.

Wenn ich meine persönlichen Rechte klar und deutlich vertrete, kann ich die Erfahrung machen, dass etliche meiner Bekannten, Freundinnen, Kollegen
- nicht so empfindlich sind, wie ich bisher dachte.
- Kritik vertragen können.
- einen Konflikt aushalten.
- gar nicht erwarten, dass ihnen jede Bitte erfüllt wird.
- andere Meinungen akzeptieren.

Wenn andere sich über mein selbstsicheres Verhalten ärgern oder sich gekränkt fühlen,
- bin ich in der Lage, mit ihren Reaktionen umzugehen.
- sinke ich nicht gleich »in Grund und Boden«.
- entwickele ich nicht sofort Schuldgefühle.
- kann ich einen Konflikt aushalten.
- bin ich nicht verantwortlich (sondern nur Anlass).
- kann ich damit leben.
- kann ich Missverständnisse ausräumen.
- kann ich mich wehren, weil ich selbstsicher bin.

X Versuchen Sie einmal, diese Denkrichtung einzuschlagen. Sehen Sie sich Ihre »Reisenotizen« noch einmal an. Wenn Sie überwiegend negative Konsequenzen formuliert haben, versuchen Sie nun mit Hilfe unserer Anregungen, andere Folgen (positive oder neutrale) zu formulieren. Wenn Sie keine unangenehmen Reaktionen notiert haben, können Sie gleich weiterlesen.

Diese Art des Denkens ist ein erster Schritt auf dem Weg zu selbstsicherem Handeln. Es kostet Kraft und Anstrengung, das Denken in Handeln umzusetzen. Die Entscheidung, diesen Weg einzuschlagen, liegt bei Ihnen. Folgende Fragen können Ihnen helfen, eine Entscheidung zu treffen:

- Hilft mir mein derzeitiges Verhalten, meine Ziele zu erreichen?
- Welche Vorteile habe ich, wenn ich bei meinem bisherigen Verhalten bleibe?
- Welche Nachteile nehme ich aufgrund meines bisherigen Verhaltens in Kauf?
- Sind die Vorteile größer als die Nachteile – oder umgekehrt?
- Hält mich dieses Verhalten von Problemen fern, die ich nicht haben möchte?
- Trägt dieses Verhalten dazu bei, dass ich mich so fühle, wie ich mich fühlen möchte?

Kritisieren und kritisiert werden

Sie ärgern sich über einen Kollegen. Eine Verhaltensweise Ihrer Freundin stört Sie. Sie sprechen das *nicht* an. Die Folge: Sie werden sich weiterhin ärgern, Sie werden sich weiterhin gestört fühlen. Mit anderen Worten: *Sie lassen sich von anderen steuern.*

Auf die Dauer ist eine solche Fremdsteuerung nicht auszuhalten. Eine Möglichkeit, sie – scheinbar – zu bewältigen, ist die *Verschiebung*: Sie bringen Ihren Ärger, Ihren Unmut bei anderen Gelegenheiten und/oder anderen Menschen zum Ausdruck. Für die Betroffenen ist ein solches Verhalten unverständlich – und nicht akzeptabel. Sie werden sich Sympathien verscherzen, Sie werden sich unbeliebt machen.

Eine andere Möglichkeit der scheinbaren Bewältigung ist die *Verdrängung*: Sie schlucken den Ärger runter. Die Folgen – denn verdrängt heißt nicht: aus der Welt geschafft –: Sie entwickeln Verhaltenszwänge (wie Pedanterie) oder Sie machen Fehler bei Ihrer Arbeit. Und es kann noch weitergehen – bis zu einer Depression oder zu körperlichen Beschwerden.

Im Interesse Ihres Wohlbefindens und Ihrer Gesundheit empfehlen wir daher: Wenn Sie etwas ärgert, wenn Sie etwas stört, sagen Sie es – auch wenn es (zunächst) schwer fällt.

Wir geben Ihnen im ersten Teil dieses Kapitels Hinweise, wie Kritik so ausgesprochen werden kann, dass sie ihren Zweck erreicht. Im zweiten Teil geht es um die Frage, wie Sie reagieren können, wenn Sie kritisiert werden.

Kritisieren

Wir beginnen mit einer kleinen Aufgabe. Stellen Sie sich bitte folgende Situation vor: Sie besuchen einen Abendkurs. Neben Ihnen sitzt Herr Vollmer, mit dem Sie ziemlich gut auskommen. Allerdings stört Sie, dass er ständig Fragen stellt. Sie befürchten, dass dadurch viel Zeit verloren geht. Sie wollen das Herrn Vollmer mitteilen.

 Notieren Sie, was Sie ihm sagen.

Wir meinen, entscheidend für eine angemessene Kritik ist es, *konkret und direkt zu sprechen*. Konkretes und direktes Sprechen hat drei Aspekte, auf die wir näher eingehen.

1. *Geben Sie Vermutungen und Eindrücke nicht als Tatsachen aus.*
Eine Haupt-»Sünde« vieler Kritiken ist es, dass sie Zuschreibungen, »Du-Botschaften« sind, die anfangen mit

- »Du bist...«
- »Du willst...«
- »Du kannst...«

Solche Kritiken verzichten darauf, das angesprochene Verhalten zu beschreiben. Und sie verwechseln einen Eindruck oder eine Vermutung mit einer Tatsache. Nehmen wir den Satz: »Du bist unsicher.« Es wird nicht mitgeteilt, wie der Sprecher oder die Sprecherin zu diesem Eindruck kommt. Und der Eindruck wird nicht als Eindruck, sondern als Tatsache ausgegeben.

Wir mögen uns noch so sehr wünschen, in das Innenleben anderer blicken zu können – wir können es nicht. Eine akzeptable Kritik, die der oder dem Kritisierten die Möglichkeit einräumt, die Kritik anzunehmen,

- beschreibt zunächst präzise das beobachtete oder das störende Verhalten und
- verwendet *Ich-* statt Du-Formulierungen.

Vergleichen Sie folgende Kritikvarianten. Wir beginnen mit einem krassen Negativbeispiel und kommen schrittweise zu einer akzeptablen Kritik:

- »Du bist ein Dauerredner.«
- »Ich finde, dass du zuviel redest.«
- »Ich finde, dass du heute abend zuviel geredet hast.«
- »Ich finde, dass du heute abend zuviel geredet hast. Ich bin ärgerlich, weil ich kaum zu Wort kam.
- »Ich finde, dass du heute abend sehr viel geredet hast. Ich ärgere mich, weil ich kaum zu Wort kam. Ich wünsche mir, dass ...«

✗ Formulieren Sie bitte die folgenden Aussagen um. Überlegen Sie zunächst: Aufgrund welchen beobachtbaren Verhaltens komme ich zu dieser Einschätzung, zu diesem Eindruck? Formulieren Sie dann an Stelle der Du-Aussage eine Ich-Aussage.

Beispiel: »Du bist ein Schatz.« Umformulierung: »Peter, schon seit zwei Wochen hältst du in deinem Zimmer Ordnung. Das freut mich sehr.«

- »Du hast kein Interesse.«
- »Du bist ja ganz unruhig.«
- »Du bist unsicher.«
- »Du willst einfach nicht verstehen.«

Kritisieren 29

2. *Äußern Sie Meinungen, Gefühle und Bedürfnisse.*

✗ Wir beginnen mit einer Übung. In den folgenden Aussagen werden die Gefühle, Bedürfnisse und Meinungen der Sprechenden nicht ausgesprochen. Das ist ein Zeichen von Unsicherheit und führt oft zu Missverständnissen. Formulieren Sie diese Aussagen bitte so um, dass die Gefühle, Bedürfnisse und Meinungen deutlich benannt werden. (Bitte prüfen Sie auch, ob die Beschreibungen in den Aussagen präzise oder aber pauschal sind.) *Beispiel:* »Du warst ja beim Frisör.« Umformulierung: »Deine neue Frisur gefällt mir gut.«

- »Hast du eine neue Hose?«
- Mann zu seiner Freundin: »Du hast schon wieder vergessen, meinen Anzug aus der Reinigung zu holen.«
- Mutter zu ihrem Sohn, der seine Hausaufgaben schnell und korrekt gemacht hat: »Du bist aber wirklich lieb.«
- Mann zu seiner Frau, nachdem diese ohne Ankündigung spät am Abend nach Hause kommt: »Wo warst du denn die ganze Zeit?!?«
- Frau zur Freundin am Telefon: »Du lässt dich ja überhaupt nicht mehr bei mir sehen.«
- Mann zu seiner Freundin: »Wir sollten das Wochenende ganz für uns haben.«
- Frau zu ihrem Mann: »Man müsste mal wieder die Küche renovieren.«
- Petra zu Peter: »Wir sollten jetzt ins Bett gehen.«

Vergleichen Sie nun Ihre Umformulierungen mit unseren Kommentaren.

»Hast du eine neue Hose?« – Hier handelt es sich sicher um eine unproblematische Gesprächssituation. An ihr lässt sich sehr gut die Empfehlung erläutern, Gefühle, Bedürfnisse und Mei-

nungen klar zu äußern. Nehmen wir an, die Hose der angesprochenen Person ist neu. Sie würde daher mit ja antworten. Was interessiert den oder die Angesprochene in aller Regel? Doch wohl, ob der fragenden Person die Hose gefällt. Treffen Sie keine scheinbar meinungslosen Aussagen (»Du warst ja beim Frisör«), stellen Sie keine scheinbar unbeteiligten Fragen (»Hast du eine neue Hose?«), sondern teilen Sie Ihre Meinung mit (»gefällt mir«, »find ich schön«) – und lassen Sie Ihr Gegenüber nicht im Unklaren.

»Du hast schon wieder vergessen, meinen Anzug aus der Reinigung zu holen.« – Diese Aussage fordert zu einem »na und?« heraus. Warum? Weil der Mann eine scheinbar nur sachliche Feststellung trifft. Wahrscheinlich ist er jedoch ärgerlich (was an seinem Tonfall zu hören sein wird). Nehmen wir an, seine Frau nimmt diese Aussage auf der Ebene der Sachaussage auf. Dann wird sie vielleicht antworten: »Was heißt hier schon wieder? Es ist gerade das dritte Mal.« Wir überlassen es Ihrer Fantasie, sich die Fortsetzung dieses Gesprächs auszumalen. Unser Vorschlag: Präzise beschreiben und das Gefühl äußern: »Es ist das dritte Mal, dass du vergessen hast, meinen Anzug aus der Reinigung zu holen. Das ärgert mich, weil…«

»Du bist aber wirklich lieb.« – Eine solche Aussage halten wir, besonders im Umgang mit Kindern, für fatal: Dem Kind wird die Möglichkeit genommen, sich frei zu entscheiden. Es erfährt (in unserem Beispiel) eine Verknüpfung von Hausaufgaben machen und »lieb sein«. Welches Kind möchte nicht in den Augen der Mutter »lieb sein«? Der Sohn wird daher nur schwer selbst entscheiden können, ob er Hausaufgaben macht oder nicht. Bekommt er jedoch die Rückmeldung, »ich freue mich, dass du so schnell und gut deine Hausaufgaben gemacht hast«, weiß er künftig, dass sich die Mutter freut, wenn er seine Hausaufgaben umgehend und sorgfältig macht. Ihm bleibt damit die Möglichkeit, sich ohne Ängste zu entscheiden, was ihm in einer bestimmten Situation wichtiger ist, keine Hausaufgaben zu machen oder der Mutter eine Freude zu machen. Kurz gefasst: Ich-Aussagen statt Du-Aussagen: »Ich freue mich« statt »Du bist lieb«.

»Wo warst du denn die ganze Zeit?!?« – Eine fast »klassische« Situation und ein nahezu »klassischer« Satz. Wahrscheinlich hat sich der Mann Sorgen gemacht, ob seiner Frau etwas zugestoßen ist (oder er ist eifersüchtig). Kommt sie dann nach Hause, wird über eine scheinbar bloße Informationsfrage Ärger transportiert. Warum sagt er zum Beispiel nicht, dass er froh ist, dass sie nun zu Hause ist (er muss sich nun keine Sorgen mehr machen)? Wenn er sich wirklich Sorgen gemacht hat, dann soll er das auch sagen. Und wenn er möchte, dass seine Frau ihn künftig anruft, wenn sie später nach Hause kommt, dann soll er das hinzufügen: »Ich habe Angst gehabt, dir könnte etwas passiert sein. Ich bitte dich, mich anzurufen, wenn du später kommst, damit ich mir keine Sorgen mache.«

Ist der Mann ärgerlich, soll er das auch sagen – aber auch erst prüfen, wo die Ursache für den Ärger liegt. Wahrscheinlich wird er dann feststellen, dass er für seinen Ärger selbst verantwortlich ist. Ist sein Problem die Eifersucht, hilft es nicht, wenn er alles Mögliche, nur nicht seine Eifersucht anspricht.

»Du lässt dich ja überhaupt nicht mehr sehen.« – Vermittelt die Aussage eine Kritik oder eine Feststellung? Das lässt sich nicht eindeutig entscheiden, was zu Missverständnissen, zu unerwünschten Reaktionen führen kann. Deshalb: präzise beschreiben und Gefühl ausdrücken: »Seit drei Wochen rufst du nicht mehr an. Darüber bin ich … (traurig, ärgerlich …)«.

»*Wir sollten das ganze Wochenende für uns haben.*« – »Ich möchte gerne, dass …«

»*Man müsste mal wieder die Küche renovieren.*« – Wer ist »man«? Wer soll die Küche renovieren? Eine mögliche Reaktion auf diese Aussage könnte sein: Der Mann schaut in der Küche umher und sagt: »Ja, ja, man müsste mal wieder die Küche renovieren.« Die Frau ärgert sich über diese Reaktion, weil sie meint, sie habe gesagt, dass er die Küche renovieren soll (oder dabei helfen soll). Das hat sie aber nicht gesagt! Denkbar ist auch – die beiden kennen einander schon lange –, dass der Mann weiß, dass er gemeint ist. Er ärgert sich darüber, dass seine Frau das so verklausuliert ausdrückt.

»*Wir sollten jetzt ins Bett gehen.*« – Warum sagt Petra nicht zu Peter, was sie will, welches Bedürfnis sie hat? Will sie mit ihm schlafen? Oder ist sie müde und möchte schlafen, hat aber den Wunsch, ihn neben sich zu spüren?

Wie haben Sie sich entschieden?

3. *Verwechseln Sie den Anlass nicht mit Ihrer Verantwortung.*
Andere Menschen können nur der Anlass dafür sein, dass wir uns auf bestimmte Weise verhalten oder fühlen. Wie wir uns verhalten oder fühlen, liegt in unserer Verantwortung. Deshalb treffen Aussagen wie »Du machst mich wütend« oder »Du verunsicherst mich« nicht den Kern der Sache, sind unzulängli-

che Kritik. Dass mich ein Verhalten wütend macht oder verunsichert, liegt an mir. Mein Gegenüber ist nur der Anlass. Ein Beispiel: Herr Schimpfe ist sehr ironisch. Frau Golm amüsiert das, Herr Winne ärgert sich: eine Verhaltensweise (= Anlass), zwei Reaktionen. Die Verantwortung für die jeweilige Reaktion liegt bei Frau Golm und Herrn Winne. Eine akzeptable Kritik könnte lauten: »Ich werde wütend, wenn du über dieses Thema so ironisch sprichst.« Und Sie können hinzufügen: »Ich möchte, dass du dich ernsthaft auf das Thema einlässt.« Diese Kritik kann angenommen werden. »Du machst mich wütend« unterstellt, dass der oder die Angesprochene es darauf angelegt hat.

Sie haben vielleicht gemerkt, dass auch hier wieder zur Entscheidung steht, ob ich die Du-Form oder die Ich-Form verwende. Wir wiederholen unsere Empfehlung: *Vermeiden Sie Du-Botschaften, verwenden Sie Ich-Aussagen.*

Die drei Aspekte einer angemessenen Kritik noch einmal auf einen Blick:

1. Geben Sie Vermutungen und Eindrücke nicht als Tatsachen aus.
2. Äußern Sie Meinungen, Gefühle und Bedürfnisse.
3. Verwechseln Sie den Anlass nicht mit Ihrer Verantwortung.

Wenn Sie diese Aspekte beim Kritisieren beachten, dann haben Sie alles getan, was Ihnen möglich ist, um Unklarheiten, Manipulationen und unfruchtbaren Streit zu vermeiden – um selbstsicher zu reden. Zudem: Wenn Sie sich diese Empfehlungen für die Formulierung von Kritik zu Eigen machen, dann werden Sie nicht leicht zu erschüttern sein, wenn andere Sie kritisieren. Sie können prüfen: Wie kommt mein Gegenüber zu diesem Eindruck?

Wenn eine Kritik nicht beschreibt, fordern Sie auf zu beschreiben. Nehmen Sie nicht vorschnell den Eindruck, den jemand von Ihnen hat, als Tatsache an. Ein Beispiel: Eine Kollegin sagt zu Ihnen: »Du bist ja sehr unsicher.« Sie antworten: »Das interessiert mich. Beschreib mal, wie kommst du zu diesem Eindruck?«

Allgemeiner: »Du bist«-Aussagen sollten Sie künftig nicht mehr verunsichern (und nicht mehr akzeptieren). Und Sie können prüfen: Schiebt mein Gegenüber mir die Verantwortung für sein Verhalten zu? Verwechselt er oder sie den Anlass mit seiner Verantwortung?

Damit sind wir bereits beim Thema »kritisiert werden«. Wir wollen Ihnen zuvor einige Empfehlungen für Kritik im Berufsleben geben und einen Vorschlag machen, wie Sie Kritik formulieren können, wenn ein Verhalten Sie sehr ärgert, kränkt oder traurig macht, wenn ein Verhalten Sie emotional stark berührt. Grundsätzlich gilt: *Kritik muss umkehrbar sein.*

Wenn Sie im Berufsleben Kritik äußern wollen:

- Überprüfen Sie zunächst, ob das, was Sie kritisieren wollen, durch Ihr Verhalten mitbedingt ist.
- Kritik muss umkehrbar sein. Kritisieren Sie so, wie Sie wünschen, selbst kritisiert zu werden.
- Vermeiden Sie Pauschalierungen und Angriffe.
- Beziehen Sie die Kritik auf ein bestimmtes Verhalten oder eine geforderte Leistung.
- Bezeichnen Sie Abweichungen von Sollwerten und Standards genau und konkret.
- Vermischen Sie Feststellungen und Tatsachen nicht mit Mutmaßungen über deren Ursachen.
- Besprechen Sie die Auswirkungen und Konsequenzen des kritisierten Verhaltens.

- Erarbeiten Sie – wenn möglich – gemeinsame Lösungsmöglichkeiten.
- Finden Sie konstruktive Lösungsvorschläge, die der/dem Kritisierten helfen, sich an die Vereinbarung zu halten.
- Vereinbaren Sie, welches Verhalten, welche Leistungen künftig erbracht werden sollen.
- Vereinbaren Sie – wenn erforderlich –, wann Sie ein Nachgespräch führen wollen, um zu prüfen, ob die vereinbarten Schritte erfolgreich waren.
- Betonen Sie, dass Ihnen eine konstruktive Zusammenarbeit wichtig ist.

Kritik und Gefühle

Ein Verhalten Ihrer Freundin, eines Kollegen, Ihres Freundes oder Partners stört Sie. Sie haben es ihr oder ihm einmal oder auch zweimal gesagt. Doch sie oder er hat nichts an ihrem oder seinem Verhalten geändert – und Sie fühlen sich nach wie vor beeinträchtigt. Für solche und ähnliche Situationen geben wir Ihnen Empfehlungen, wie Sie Ihre Kritik formulieren können. Diese Empfehlungen enthalten Elemente, die Sie bereits kennengelernt haben: Beschreiben Sie exakt das Verhalten, das Sie stört oder ärgert; fassen Sie Ihr Gefühl in Worte.

- *Beschreiben:* das Verhalten, das Sie beeinträchtigt.
- *Ausdrücken:* Ihr Gefühl.
- *Präzisieren:* welches Verhalten Sie wünschen.

Erstes Beispiel
- *Beschreiben:* »Das war das dritte Mal, dass du mich vor anderen kritisierst.«

- *Ausdrücken:* »Es ist mir peinlich, vor anderen kritisiert zu werden.«
- *Präzisieren:* »Ich möchte, dass du aufhörst, mich vor anderen zu kritisieren.«

Zweites Beispiel
- *Beschreiben:* »Der Kostenvoranschlag belief sich auf 90 DM. Die Rechnung beträgt nun 175 DM.«
- *Ausdrücken:* »Das ärgert mich, ich lasse mich nicht gerne übers Ohr hauen.«
- *Präzisieren:* »Ich möchte, dass Sie die Rechnung dem Kostenvoranschlag anpassen.«

Viele Menschen drücken Ihre Gefühle indirekt aus. Ärgern sie sich zum Beispiel, dann werden sie laut und heftig; an die Stelle präziser Beschreibungen dessen, was sie ärgert, treten Pauschalierungen wie:
- »Du kommst immer zu spät«
- »Du hältst dich nie an Vereinbarungen«
- »Ständig musst du…«
- »Du hast aber auch immer…«

Menschen, die auf diese Weise kritisiert werden, gehen meist sofort auf Abwehr. Häufig schließt sich eine Auseinandersetzung über die Pauschalierung an (»was heißt hier *immer?*«) – und das eigentliche Thema gerät aus dem Blick. Wir empfehlen dagegen: Fassen Sie Ihr Gefühl in Worte. Sagen Sie, dass Sie sich ärgern, dass Sie traurig oder verletzt sind. Es gehört schon eine gehörige Portion Ignoranz dazu, über Ihre Gefühle hinwegzugehen.

Sollte es nicht genügen, zu beschreiben, Ihr(e) Gefühl(e) aus-

Kritik und Gefühle

zudrücken und zu präzisieren, welches Verhalten Sie wünschen, dann haben Sie noch folgende Möglichkeit, von der Sie nur sehr vorsichtig Gebrauch machen sollten: Nennen Sie die Folge(n), die eintreten wird (werden), wenn die Verhaltensänderung ausbleibt (oder erfolgt).

Im ersten Beispiel wäre eine mögliche Folge: »Wenn du mich weiterhin vor anderen kritisierst, werde ich ohne dich auf Partys gehen.« Im zweiten Beispiel wäre eine mögliche Folge: »Wenn Sie das tun, werde ich Sie weiterempfehlen.«

Doch Vorsicht mit Drohungen! Sie sollten wirklich nur dann eine spürbare Konsequenz ankündigen, wenn Sie

- zu dem Schluss gekommen sind, dass alle anderen Mittel erschöpft sind,
- diese Konsequenzen auch wirklich etwas bewirken können,
- diese Konsequenzen für Sie langfristig nicht schlimmer sind als das Verhalten, das Anlass Ihrer Kritik ist.

Sie haben auch, wie in unserem Beispiel mit dem Kostenvoranschlag, die Möglichkeit, positive Folgen anzukündigen. Und Sie können statt praktischer Konsequenzen (»werde ich ohne dich auf Partys gehen«) Schlussfolgerungen für Ihr Denken benennen: »Wenn du mich weiterhin vor anderen kritisierst, muss ich davon ausgehen, dass dir meine Gefühle gleichgültig sind.«

Kritik ist eine Form der Rückmeldung. Für Kritik gilt daher, was für jede Rückmeldung gilt:

- Geben Sie möglichst nur dann eine Rückmeldung, wenn IhrE GesprächspartnerIn in der Lage ist, sie aufzunehmen.
- Die Rückmeldung sollte sich auf ein begrenztes, konkretes Verhalten beziehen.

- Die Rückmeldung muss so konkret wie möglich und so ausführlich wie nötig sein.
- Die Rückmeldung muss so formuliert sein, dass Sie sie auch akzeptieren könnten, wenn Sie diese Rückmeldung erhielten.
- Teilen Sie Ihre Wahrnehmungen als Wahrnehmungen, Ihre Vermutungen als Vermutungen mit – nicht als Tatsachen.
- Eine Rückmeldung darf die Aufnahme-Kapazität der/des Angesprochenen nicht überfordern.
- Eine Rückmeldung sollte möglichst sofort erfolgen.

Kritisiert werden

Der wichtigste Hinweis am Anfang: *Verbinden Sie*, wenn Sie kritisiert werden, *Kritik nicht mit Schuld*. Verbrechen sind mit Fragen der Schuld verknüpft, Fehler und Irrtümer dagegen mit Fragen der Ursache und der Verantwortung. Es ist nicht zu vermeiden, dass wir Fehler machen, dass wir uns irren. Wenn es Ihnen gelingt, Fehler und Irrtümer von Schuld-Überlegungen zu trennen, wird Kritik Sie nicht mehr erschüttern. Sie werden vielmehr Kritik als nützliche Rückmeldung bewerten können.

Zutreffende Kritik

Allerdings kann nur *zutreffende* Kritik eine *nützliche* Rückmeldung sein. Wenn Sie einen Fehler gemacht haben und werden darauf angesprochen, nehmen Sie die Kritik an. Wenn es Ihnen angebracht erscheint, drücken Sie Ihr Bedauern aus. Und nur dann, wenn Sie es für notwendig halten und wenn Ihnen die Person wichtig ist, die Sie kritisiert, erklären Sie, wie dieser Fehler zustandekam.

- »Ja, es stimmt, ich habe den Anruf vergessen.«
- »Es tut mir leid, dass ich zu spät komme.«
- »Es tut mir leid, dass ich zu spät komme, ich bin in eine Verkehrskontrolle geraten.«

UNZUTREFFENDE KRITIK
Weisen Sie unzutreffende Kritik freundlich aber bestimmt zurück, statt sie vorschnell anzunehmen und mit Rechtfertigungen zu reagieren:
- »Das trifft nicht zu ...«
- »Mein Eindruck ist ein anderer ...«
- »Das stimmt insofern nicht ...«
- »Ich vermute, Sie haben vergessen ...«
- »Sie übersehen ...«

KRÄNKENDE, VERLETZENDE KRITIK
Versuchen Sie, die beabsichtigte Kränkung als das zu durchschauen, was sie ist: ein Angriff auf Ihre Person, Ihr Selbstwertgefühl – und machen Sie nicht mit:
- »Das ist für mich keine Gesprächsebene.«
- »Ich bevorzuge sachliche Auseinandersetzungen.«

Wenn Sie sich über eine solche Kritik ärgern, bringen Sie es zum Ausdruck. Sagen Sie, dass die Form der Kritik Sie ärgert. Verstecken Sie Ihren Ärger nicht hinter Sachargumenten.

UNKLARE, VERSTECKTE KRITIK
Leider ist nicht immer klar zu entscheiden, ob eine Kritik zutreffend ist oder nicht, ob eine Kritik darauf abzielt zu kränken, zu verletzen oder nicht. *Ein Beispiel:* Sonntagabend. Herr Rickert sagt zu seiner Frau: »Das ganze Wochenende hast du dich nur mit deinem Aquarium beschäftigt!«

Frau Rickert antwortet: »Ist ja überhaupt nicht wahr! Ich habe gekocht, eingekauft und mit den Kindern Schularbeiten gemacht!«

Frau Rickert rechtfertigt sich. Das hat sie nicht nötig, zumal völlig unklar ist, worum es ihrem Mann geht. Wir schlagen folgende Antwort vor: »Ja, ich habe mich mehrere Stunden mit dem Aquarium beschäftigt.«

In dieser Antwort wird das bestätigt, was stimmt (mehrere Stunden, nicht das ganze Wochenende, mit dem Aquarium beschäftigt). Jetzt ist Herr Rickert wieder an der Reihe. Wenn es ihn gestört hat, dass seine Frau sich mehrere Stunden mit dem Aquarium beschäftigt hat, dann soll er das sagen. Wenn er enttäuscht ist, dass sie ihm nicht mehr Aufmerksamkeit geschenkt hat, dann soll er das sagen. Darüber lässt sich sicher ein vernünftiges Gespräch führen. Nimmt Frau Rickert die Aussage Ihres Mannes als Vorwurf an und rechtfertigt sich, wird wahrscheinlich noch längere Zeit ergebnislos gestritten werden. Die von uns vorgeschlagene Reaktion eröffnet Herrn Rickert die Chance, das in Worte zu fassen, was ihn stört oder was er sich gewünscht hat – zum Beispiel: »Ich habe mir gewünscht, du würdest mehr Zeit mit mir verbringen«.

Allgemeiner: *Wenn*

- Kritik unklar formuliert wird und übertreibt,
- nicht deutlich wird, warum die Kritik vorgetragen wird,

dann

- bestätigen Sie nur das, was richtig ist, und
- rechtfertigen Sie sich nicht.

Wenn Sie wollen, können Sie Ihre Antwort um ein »Hilfsangebot« ergänzen. In unserem Beispiel könnte Frau Rickert hinzufügen: »Hast du dir gewünscht, dass wir etwas zusammen unternehmen?« Wir meinen: Die von uns vorgeschlagene Reaktion »entschärft« die Situation. Sie hilft, zu einem klärenden Gespräch zu kommen.

Eine andere Situation: Herr Wiese und Frau Müller besuchen zusammen einen Volkshochschul-Kurs. Am Ende des dritten Abends sagt Herr Wiese zu Frau Müller: »Wenn du weiterhin so viel fragst, wirst du dir noch alle Sympathien in der Gruppe verscherzen.«

Frau Müller geht auf Konfrontation: »Das musst gerade du sagen. Du bist doch der Dauerredner Nummer eins!«

Können Sie sich eine sinnvolle Fortsetzung des Gesprächs vorstellen? Uns fehlt dazu die Fantasie. Wir schlagen folgende Antwort vor: »Vielleicht hast du recht, einige könnten meine Fragen stören.«

In dieser zweiten Reaktion bestätigt Frau Müller den möglichen Wahrheitsgehalt in Herrn Wieses Aussage. Es kann ja wirklich sein, dass sich einige durch ihre Fragen gestört fühlen. Frau Müller entschuldigt und rechtfertigt sich nicht. Wie im ersten Beispiel ist nun wieder der Kritiker an der Reihe: Fühlt *er* sich gestört? Oder macht er sich tatsächlich Sorgen, dass Frau Müller sich »Sympathien verscherzt«? Wenn Frau Müller mag, schließt sie eine Frage an, zum Beispiel: »Stören dich meine Fragen?«

Dritte Szene: Mutter zur Tochter: »Wenn du nicht mehr für dein Äußeres tust, kriegst du nie einen Mann.«

Tochter: »Das hast du mir schon hundertmal gesagt!«

Mutter: »Kind, ich meine es doch nur gut mit dir!«

Tochter (bereits auf dem Weg aus dem Zimmer): »Auf deine gutgemeinten Ratschläge kann ich verzichten!«

Eine fruchtlose Auseinandersetzung, bei der beide »verlieren«. Nehmen wir an, die Tochter hat bereits mehrmals vergeblich der Mutter zu erklären versucht, dass sie für ihr Äußeres selbst verantwortlich ist, dass sie sich so anziehen möchte, wie sie es will. Dann raten wir der Tochter zu folgender kurzer Antwort: »Ich weiß, dass du das so siehst.« Diese Antwort kann dazu beitragen,

- ein ohnehin fruchtloses Gespräch abzukürzen,
- dass die Gesprächsatmosphäre sich nicht »aufheizt«.

Zumindest spart dabei die Tochter psychische Energie.

Abschließend zeigen wir die drei Reaktionsmöglichkeiten auf versteckte, uneindeutige Kritik noch einmal in einem beispielhaften Dialog.

1. Den Fakt bestätigen – mehr nicht.
2. Dem zustimmen, was richtig sein könnte – mehr nicht.
3. Zum Ausdruck bringen, dass frau/man weiß, dass der/die andere das so sieht – mehr nicht.

M: »Du musst auch immer zu dieser Frauengruppe rennen. Da hocken doch bloß frustrierte Weiber rum.«

F: »Ja, ich gehe regelmäßig zu meiner Frauengruppe.« (1.)

M: »Du versuchst ja nur, deine Minderwertigkeitskomplexe loszuwerden.«

F: »Ich bin nicht immer so selbstsicher, wie ich es mir wünsche.« (2.)

M: »Ach, ihr seid doch allesamt frustrierte Weiber. Ihr braucht doch bloß einen richtigen Mann.«

F: »Ich weiß, dass du das so siehst.« (3.)

Kritik herausfordern

Wir haben im Abschnitt über unklare oder versteckte Kritik auf die Möglichkeit hingewiesen, anderen Hilfestellungen zu geben, ihre Kritik eindeutig zu formulieren (zum Beispiel: »Stören dich meine Fragen?«). Wir wollen jetzt zeigen, wie Sie gezielt nachfragen und Kritik herausfordern können. Das kann in Situationen nützlich sein, in denen Sie den Eindruck haben, ein Person, die Ihnen nahe steht, hat etwas an Ihnen auszusetzen, bringt das aber nicht deutlich zur Sprache, sondern kritisiert Kleinigkeiten oder etwas anderes. Weil Ihnen die Beziehung zu dieser Person wichtig ist, möchten Sie wissen, »was Sache ist«, was sie wirklich stört. Dann kann es nützlich sein, Ihrer Freundin, Ihrem Freund oder Partner zu helfen, diese Kritik zu formulieren, indem Sie Angebote zur Kritik Ihrer Person machen. Ein Beispiel:

Bernd: »Musst du den ganzen Abend auf der Couch liegen und lesen!?«

Petra: »Möchtest du dich auf die Couch legen?«

Bernd: »Ja, vielleicht.«

Petra: »Stört es dich, dass ich seit der Tagesschau lese?«

Bernd: »Ja, auch.«

Petra: »Was stört dich noch?«

Bernd: »Ach, ich weiß nicht, irgendwie der ganze Abend.«

Petra: »Findest du, dass ich mich zu wenig um dich kümmere?«

Bernd: »Du gehst nur danach, wozu du Lust hast.«

Petra: »Meinst du, ich sei egoistisch?«

Bernd: »Wenn dich ein Buch fesselt, kannst du stundenlang lesen.«

Petra: »Findest du, dass ich mich zu wenig mit dir unterhalte?«

Bernd: »Ja, du könntest dich ruhig mal erkundigen, wie es heute im Betrieb lief.«

Petra: »Ist sonst noch etwas nicht in Ordnung?«

Bernd: »Erst liest du stundenlang. Und dann fällst du todmüde ins Bett.

Petra: »Wo liegt da das Problem?«

Bernd: »Wenn du es so genau wissen willst: Wir haben seit drei Wochen nicht mehr zusammen geschlafen.«

Petra: »Wünschst du dir, dass wir häufiger miteinander schlafen?«

Bernd: »Ich bin ja noch kein alter Mann.«

Petra: »Heißt das ja?«

Bernd: »Ja, auch.«

Petra: »Das möchte ich genau verstehen. Was hast du an mir auszusetzen?«

Bernd: »Du liest bis kurz vor Mitternacht, und dann bist du müde und möchtest gleich schlafen. Früher hast du viel öfter gefragt, ob wir nicht zusammen ins Bett gehen wollen.«

Petra: »Meinst du, ich sei sexuell zu passiv? «

Bernd: »Ja, das ist es. Es scheint dir überhaupt keinen Spaß mehr zu machen.«

Petra: »Ich schlage vor, wir sprechen über unsere sexuellen Bedürfnisse. Ist es dir recht, wenn wir das gleich machen?«

Bernd: ...

Petra hat hart gearbeitet. Schließlich hat sie den Kern des Problems herausgefiltert. Bernd war dazu offenkundig nicht in der Lage. Petra hat deshalb, und weil ihr Bernd wichtig ist, eine ganze Reihe von Formulierungen (Du-Aussagen) hingenommen, die sie sonst nicht akzeptieren würde. Das Gespräch muss an der Stelle, an der wir es abgebrochen haben, weitergehen. Ohne Petras Bemühungen wäre es erst gar nicht bis zu diesem Punkt gekommen, sondern hätte sich vermutlich in oberflächlichem Geplänkel verfangen.

Es ist nützlich, Kritik herauszufordern, wenn Sie den Eindruck haben,

- in einer bestimmten Situation ist ein klärendes Gespräch notwendig, aber
- Ihr Gegenüber ist nicht in der Lage, das anzusprechen, was sie oder ihn wirklich stört, und
- Sie wollen die Mühe auf sich nehmen, das Gespräch auf den entscheidenden Punkt zu lenken.

Ein solch selbstsicherer Umgang mit Kritik kann auch in anderen Zusammenhängen nützlich sein. Nehmen wir eine Situation aus dem Berufsleben: Sie haben (einen) Fehler gemacht, werden aber nicht direkt darauf angesprochen. Einige Zeit später merken Sie, dass aus Ihrem Fehler – ohne dass jemand mit Ihnen darüber geredet hat – für Sie negative Konsequenzen gezogen wurden. Ein Beispiel: Birgit Bahr ist Schreibkraft in einem mittelständischen Unternehmen. Seit drei Jahren ist Birgit für eine der Sachbearbeiterinnen, Frau Schulz, eingesprungen, wenn sie krank oder im Urlaub war. Als Birgit hört, dass Frau Schulz gekündigt hat, hofft sie, dass sie die Stelle als Sachbearbeiterin übernehmen kann. Doch am folgenden Tag sieht sie in der Zeitung, dass die Stelle von Frau Schulz ausgeschrieben wurde. Birgit geht zur Personalchefin, um die Angelegenheit zu besprechen:

Bahr: »Frau Münz, ich habe heute in der *Frankfurter Rundschau* gelesen, dass Sie für Frau Schulz eine Nachfolgerin suchen. Warum haben Sie mich nicht gefragt? Ich hätte die Stelle gerne übernommen.«

Münz: »Weil Sie nicht die Voraussetzungen für die Stelle einer Sachbearbeiterin haben, Frau Bahr.«

Bahr: »Ich weiß, dass mir die formalen Voraussetzungen fehlen. Aber ich bin doch in den letzten drei Jahren häufig für Frau Schulz eingesprungen.«

Münz: »Das ist richtig, und das haben wir auch positiv registriert.«

Bahr: »Woran liegt es dann, dass Sie mich nicht gefragt haben, ob ich die Stelle übernehmen will?«

Münz: »Nun, in den Wochen, in denen Sie Frau Schulz vertreten haben, ist immer Arbeit liegen geblieben, stimmt's?«

Bahr: »Ja, das stimmt.«

Münz: »Sie haben sich in dieser Zeit auch nicht mit allen Anforderungen vertraut machen können, die eine Sachbearbeiterin bewältigen muss.«

Bahr: »Woran liegt das Ihrer Meinung nach?«

Münz: »Ihnen fehlen gewisse Voraussetzungen für diese Arbeit.«

Bahr: »Können Sie mir genauer erklären, welche Voraussetzungen mir fehlen?«

Münz: »Ihre Briefe waren nicht gerade Glanzleistungen.«

Bahr: »Was war daran auszusetzen?«

Münz: »Es fiel Ihnen sehr schwer, eigenständig nach Stichworten einen Brief zu schreiben. Sie haben dafür sehr viel Zeit gebraucht. Deshalb ist die Abteilungsleiterin dazu übergegangen, Ihnen die Briefe zu diktieren.«

Bahr: »Ja, das ist wirklich nicht Sinn der Sache. Was meinen Sie, woran das liegt?«

Münz: »Sie sind mit den unterschiedlichen Vorgängen nicht vertraut. Ihnen fehlt die Routine.«

Bahr: »So wird es sein. Habe ich noch andere Fehler gemacht?«

Münz: »Ja, die Buchführung der Porto- und der Lieferanten-kasse war nicht jeden Tag auf dem neuesten Stand. Deshalb kam es manchmal zu unnötigen Engpässen.«

Bahr: »Es war nicht sehr geschickt, dass ich erst am Freitag die Ein- und Ausgänge gebucht habe. Gibt es noch einen Punkt, mit dem Sie nicht zufrieden waren?«

Münz: »Nein, das ist alles.«

Bahr: »Lassen Sie mich kurz wiederholen: Mir fehlt Routine im Umgang mit den verschiedenen Geschäftsvorgängen und meine Buchführung war nicht zufriedenstellend.«

Münz: »So ist es.«

Bahr: »Ich bin sehr interessiert daran, dass Sie mich berück-sichtigen, wenn wieder eine Sachbearbeitungsstelle frei wird. Ich werde deshalb bei nächster Gelegenheit, wenn ich für eine Kollegin in der Sachbearbeitung einspringe, diese Mängel abstellen.«

Münz: »Prima, wir sind immer froh, wenn wir bei Neubeset-zungen auf Mitarbeiterinnen aus dem Hause zurückgreifen können.«

Birgit Bahr hat sich nicht als Person in Frage gestellt und sich nicht in Frage stellen lassen. Sie hat sich nicht groß entschul-digt, sondern ihre Fehler eingeräumt. Sie weiß nach diesem Gespräch, woran sie ist, dass sie Chancen hat, beim nächsten Mal berücksichtigt zu werden.

Solche Gespräche kosten Kraft. Sie verlangen und zeigen Selbstvertrauen. Solche Gespräche werden Sie nicht täglich führen; sie sind eher die Ausnahme. Doch es gibt häufig An-lässe, bei denen es sinnvoll ist, den Grundgedanken dieser Ge-spräche – gezielt Kritik nachfragen, um sich Klarheit zu ver-schaffen – zu beherzigen: Situationen, die weniger »Zündstoff« enthalten als unsere beiden Beispiele, und in denen die Gespräche daher auch kürzer ausfallen werden:

- »Meinst du, ich hätte dich vorher fragen sollen?«
- »Haben Sie den Eindruck, ich hätte Ihre Überlegungen zu wenig berücksichtigt?«
- »Meinen Sie, ich hätte Ihren Anteil an unserer Arbeit stärker hervorheben sollen?«

Lautet die Antwort »ja«, weiß frau, woran sie ist und kann sich entscheiden, wie sie sich (künftig) verhalten will. Ist die Antwort ein Nein, braucht frau sich keine unnötigen Gedanken zu machen. Gezieltes Nachfragen, gezielte Angebote zur Kritik helfen, sich Klarheit zu verschaffen und Unstimmigkeiten sofort zu klären oder zu beheben (statt sie unter den Teppich zu kehren und anwachsen zu lassen). Das entlastet, und Sie demonstrieren Selbstsicherheit, indem Sie zum Ausdruck bringen, dass Sie über Ihr Verhalten und darüber nachdenken, wie eine Verhaltensweise auf andere wirkt.

Und wo bleibt das Positive?

Sprechen Sie ab und zu eine Anerkennung, ein Lob aus? Können Sie Lob und Anerkennung annehmen? Beschränken Sie sich, wenn Sie eine Anerkennung ausdrücken wollen, auf: »Das ist ja toll (wunderbar, großartig, phantastisch)«? Oder sagen Sie, wer wie welche Begeisterung (Zustimmung, Freunde usw.) bei Ihnen geweckt hat?

- »Sabine, ich finde, du hast die Diskussion mit großer Ruhe und beeindruckendem Sachverstand geleitet.«
- »10 Minuten nach meinem Anruf warst du hier und hast mir

geholfen. Ich bin wirklich sehr froh über deine Hilfsbereit-
schaft.«

- »Birgit, ich bin beeindruckt, wie ruhig und beharrlich du trotz des heftigen Widerspruchs deine Meinung vertreten hast.«
- »Ich fand Ihren Vortrag sehr informativ und habe Ihnen mit wachsender Begeisterung zugehört.«

Und wie reagieren Sie, wenn Sie die Empfängerin eines solchen Lobes sind? Mit Abwehr?

- »Ist doch wirklich nicht der Rede wert!«
- »Ist doch selbstverständlich!«
- »Reden wir nicht darüber!«
- »Du warst auch sehr gut!«

Solche Abwehrreaktionen sind oft Ergebnis schlechter Erfahrungen: Frau wird gelobt, um ihr eine Arbeit anzudrehen:

- »Es schreibt doch niemand so gut Protokoll wie du!«
- »Du kochst halt fantastisch!«
- »Das hast du doch immer so toll gemacht.«

Oder frau hat schlechte Erfahrungen mit zweifelhaften und
anzüglichen Komplimenten über ihr Äußeres oder ihr Frau-
sein gemacht.

Wenn Sie Zweifel haben, ob ein Lob ernst gemeint ist, bitten
Sie Ihr Gegenüber, sich präziser auszudrücken (»ich verstehe
dich nicht ganz«, »wie meinst du das?«). Wenn Sie den Eindruck haben, die Anerkennung, das Lob ist aufrichtig gemeint
– freuen Sie sich, nehmen Sie es an. Machen Sie sich nicht
klein, registrieren Sie es bewußt. Geben Sie der Lobenden,
dem Anerkennenden eine Bestätigung. Lächeln Sie, sagen Sie
»danke« oder:

- »Das freut mich.«
- »Das höre ich gerne.«
- »Ich freue mich, dass du das bemerkt hast.«
- »Ich bin jetzt etwas verlegen, noch mehr freue ich mich aber.«

Sie können auch zustimmen:
- »Ich freue mich, dass du das bemerkt hast. Ich bin auch sehr stolz darauf.«
- »Das höre ich gerne. Ich bin auch mit mir zufrieden.«

Diskussionen bestehen

Seit einer halben Stunde wird lebhaft über Gentechnik diskutiert. Die Auffassungen der Beteiligten, fünf Frauen und drei
Männer, sind zum Teil sehr unterschiedlich.

Ilona ärgert sich – über sich. Das Thema interessiert sie, und
sie ist gut informiert. Trotzdem hat sie bisher noch nichts gesagt. Zunächst verfolgt sie die Diskussion mit Aufmerksamkeit und Interesse. Sie legt sich Argumente zurecht, die sie in
die Diskussion einbringen will. Doch sie sagt nichts. Andere
sagen, was auch sie sagen wollte. Nach einiger Zeit tritt ihr an-
fängliches Interesse am Thema in den Hintergrund. Ilona ist
angespannt. Sie beschäftigt sich in erster Linie mit sich selbst.
Sie beobachtet ihr Verhalten und grübelt, was wohl die anderen über sie denken, weil sie bisher noch nichts gesagt hat.
Und es fällt ihr immer schwerer, der Diskussion zu folgen.

Ilona ärgert sich auch über die drei Männer, die sehr lange
reden. Sie scheinen keinen Zweifel zu kennen, tragen ihre
Meinungen sehr bestimmt vor. Sie unterbrechen Frauen und
richten ihre Diskussionsbeiträge fast ausschließlich an die
anderen Männer. Sie haben keine Probleme, mit anderen Worten das zu wiederholen, was ihre Vorrednerin gesagt hat. Den
Männern wird, auch von Frauen, viel häufiger zugestimmt als
den Frauen. Die Männer beziehen sich fast nie auf die Beiträge der Frauen.

Ist Ihnen diese Situation vertraut? Haben Sie sich schon oft
vorgenommen, an der nächsten Diskussionsrunde beteilige

ich mich aktiv – und es dann doch nicht getan? Oder sind Sie unzufrieden, weil Sie sich stets nur auf kurze Kommentare beschränken, obwohl Sie mehr sagen wollten? Wenn Sie eine dieser Fragen mit *ja* beantwortet haben, ist dieses Kapitel für Sie nützlich. Wir gehen auf folgende Fragen ein:

- Wie kann ich in eine Diskussion einsteigen?
- Wie baue ich meine Argumentation auf?
- Wie leite ich eine Diskussion?
- Wie reagiere ich auf Zwischenrufe und Zwischenfragen?

»Diskussion« meint in diesem Zusammenhang: Debatte, Kontroverse, Auseinandersetzung oder Streitgespräch in einer Arbeitsgruppe, nach einem Referat, auf einer Betriebsversammlung, mit Vertreterinnen einer Partei oder Vertretern einer Organisation usw. Unsere Ausführungen gehen also über eher beiläufige Diskussionen im Rahmen eines Gesprächs oder einer Unterhaltung hinaus.

In eine Diskussion einsteigen

Die aktive und kontinuierliche Beteiligung an einer Diskussion fällt umso leichter, je schneller der Einstieg in die Diskussion gelingt, je weniger Sie mit sich darum kämpfen, ob Sie etwas sagen oder nicht. Sie erleichtern sich die Teilnahme an Diskussionen, wenn Sie mit den verschiedenen Möglichkeiten vertraut sind, in eine Diskussion einzusteigen. Sie wollen in einer Diskussion Ihre Meinung zu einem Thema vertreten oder Ihre Überlegungen zu einem Problem äußern. Das sollten Sie in jedem Falle tun – und noch mehr: Nehmen Sie auf das gesamte Geschehen »Diskussion« Einfluss. Dann hören

Sie sich öfter reden. Das stärkt Ihr Selbstvertrauen und gibt Ihnen Sicherheit. Und wenn Sie sich regelmäßig an einer Diskussion beteiligen, finden Ihre Beiträge mehr Beachtung. Sie müssen also einen Teufelskreis durchbrechen: Wer wenig sagt, erhält wenig Resonanz. Wer wenig Beachtung findet, wird noch weniger sagen und damit noch weniger Resonanz erhalten. Am Ende steht das (erneute) Schweigen. Erklären Sie sich deshalb als zuständig und verantwortlich für die gesamte Diskussion, nehmen Sie Einfluss auf alle Aspekte eines Diskussionsprozesses.

- *Machen Sie Vorschläge zum Vorgehen:* Beteiligen Sie sich bereits am Beginn einer Diskussion. Machen Sie Vorschläge, wie vorgegangen werden soll, in welcher Reihenfolge die Aspekte des Diskussionsthemas behandelt werden sollen.
- *Sprechen Sie den Diskussionsverlauf an:* Melden Sie sich zu Wort, wenn nicht mehr über das vereinbarte Thema oder Problem gesprochen wird. Schlagen Sie vor, zum Thema oder Problem zurückzukommen.
- *Analysieren Sie das Thema oder Problem:* Sagen Sie, worin Ihrer Meinung nach das Hauptproblem besteht und was nachgeordnete Probleme sind. Machen Sie einen Vorschlag, welcher Aspekt zunächst angesprochen werden und welcher zurückgestellt werden sollte.
- *Fassen Sie zusammen:* Greifen Sie strukturierend in die Diskussion ein, indem Sie Meinungen zusammenfassen und auf Unterschiede und Gemeinsamkeiten hinweisen.
- *Entwickeln Sie Argumente weiter:* Knüpfen Sie an bereits vorgetragene Argumente an und entwickeln Sie diese weiter.
- *Äußern Sie Zustimmung und Ablehnung:* Teilen Sie den anderen mit, wenn Sie einer Auffassung zustimmen. Sagen Sie, ob und warum Sie dieser Auffassung insgesamt oder nur

zum Teil zustimmen. Begründen Sie, warum Sie einer Auffassung nicht zustimmen.

- *Stellen Sie Fragen:* Halten Sie sich nicht zurück, wenn Sie etwas bzw. eine Rednerin oder einen Redner nicht verstehen. Fragen Sie!

- *Prüfen Sie Informationen und Schlussfolgerungen:* Weisen Sie darauf hin, wenn Sie den Eindruck haben, dass Informationen unvollständig oder nicht korrekt sind. Greifen Sie ein, wenn Sie eine Schlussfolgerung nicht nachvollziehen können, wenn Schlussfolgerungen nicht schlüssig und folgerichtig sind.

- *Wägen Sie Konsequenzen ab:* Gehen Sie darauf ein, welche praktischen Konsequenzen sich aus Diskussionsbeiträgen ergeben. Prüfen Sie, ob alle Vor- und Nachteile eines Vorschlags bedacht wurden.

- *Prüfen Sie die Machbarkeit von Vorschlägen:* Nehmen Sie dazu Stellung, ob und wie Vorschläge umgesetzt werden können. Prüfen Sie, ob die dafür erforderlichen Voraussetzungen gegeben sind.

Wir wissen: Das ist leichter geschrieben als getan. Wir wissen auch: Den Hinweisen, *dass* Sie etwas tun sollen, müssen Hinweise folgen, *wie* Sie es tun können. Hinweise zum Wie stehen im Mittelpunkt der nächsten Abschnitte. Zuvor noch eine Verallgemeinerung unserer Vorschläge zum Einstieg in eine Diskussion: Diskussionen haben einen *Inhalt*, über den diskutiert wird. Diskussionen sind ein *Prozess*, der von den Beteiligten bewusst oder unbewusst gesteuert wird. Auf beide Dimensionen, auf den Inhalt und auf den Verlauf, sollten Sie Einfluss nehmen. Erklären Sie sich verantwortlich dafür, *was* und *wie* diskutiert wird. Wenn Sie zum Was oder Wie einer Diskussion etwas sagen wollen, sagen Sie es. Zerbrechen Sie sich nicht den Kopf, ob Sie zu viel reden, ob Sie sich nicht besser zurückhalten sollten. Wenn Sie sich rege beteiligen, machen Sie anderen Frauen Mut, sich ebenfalls in die Diskussion einzuschalten. Je eher Sie etwas sagen,

- desto geringer ist die Gefahr, dass Sie den Einstieg »verpassen« und sich damit quälen, wie Sie in die Diskussion einsteigen können;
- desto nachhaltiger können Sie das Diskussionsklima und das Diskussionsniveau beeinflussen.

Beginnt eine Diskussion mit drei oder vier kurzen Beiträgen, werden alle diejenigen dazu ermuntert, sich zu beteiligen, die (noch) keine routinierten Rednerinnen und Redner sind. Beginnt eine Rednerin mit einer persönlichen Bemerkung, erhöht sich die Chance, dass persönliche Erfahrungen in der Diskussion zur Sprache kommen können.

Nun zum Wie.

Strukturiert argumentieren

»Tritt fest auf, machs Maul auf, hör bald auf.« So lautete Martin Luthers Ratschlag für gute Redner (Frauen sollten den Mund halten). Gute Argumente sind eine Voraussetzung, um fest aufzutreten, um sich aktiv und selbstsicher an einer Diskussion zu beteiligen. Doch gute Argumente allein machen noch keinen guten Diskussionsbeitrag aus. Wichtig ist, den Diskussions- oder Redebeitrag zu strukturieren. Strukturiertes Argumentieren hilft, in einer Diskussion fest aufzutreten. Strukturiertes Argumentieren verhindert, dass Sie Ihren Beitrag »zerreden«. Strukturiertes Argumentieren ist eine nützliche Hilfe, um so lange wie nötig und so kurz wie möglich zu sprechen – und das heißt: sich mit prägnanten Beiträgen an einer Diskussion zu beteiligen.

Um strukturiert argumentieren zu können, müssen Sie sich den *Zweck*, das *Ziel* Ihres Diskussionsbeitrags bewusst machen. Viele reden deshalb weitschweifig oder gar konfus, weil sie nicht vom Zweck oder Ziel ihres Diskussionsbeitrags her denken. Wir erleben häufig folgende Situation: Frauen, denen die Übung fehlt, verwenden sehr viel Energie darauf, sich den ersten Satz zurechtzulegen, mit dem sie ihren Beitrag beginnen wollen. Das Ergebnis: Wenn sie nach zwei oder drei VorrednerInnen zu Wort kommen, nimmt der wohlüberlegt vorformulierte erste Satz keinen Bezug auf den aktuellen Diskussionsverlauf. Er ist also zum einen nicht mehr situationsangemessen. Zum anderen fehlt der Argumentation eine klare Struktur, weil sie nicht vom Zweck oder Ziel der Rede her aufgebaut wurde.

Überlegen Sie deshalb zunächst: *Was ist das Ziel, was ist der Zweck meines Diskussionsbeitrags? Was will ich erreichen?* Will ich mich für eine Problemlösung, einen Vorschlag, eine Forderung einsetzen, oder will ich einen Standpunkt begründen? Wenn Sie darüber Klarheit haben, verfügen Sie über den entscheidenden Ausgangs- und Bezugspunkt für eine strukturierte Argumentation.

Konzentrieren Sie sich dann auf die *Begründung.* Was spricht dafür? Welche Argumente und Beispiele stützen mein Anliegen, meine Forderung oder meinen Standpunkt? Überlegen Sie erst zum Schluss, kurz bevor Sie reden, wie kann ich an die bisherige Diskussion anknüpfen, wie kann ich situationsangemessen beginnen?

Wir empfehlen also folgenden Denkplan:

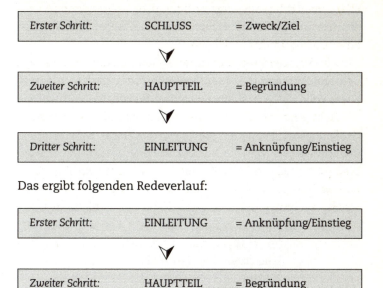

Das ergibt folgenden Redeverlauf:

Zusammengefasst: Am *Anfang* Ihrer *Überlegungen* sollte das *Ende* Ihres Diskussionsbeitrags stehen und am *Ende* Ihrer Überlegungen der *Beginn* Ihres Beitrags. Am *Anfang* Ihres *Redebeitrags* steht der *Einstieg* und am *Ende* der *Zweck- oder Zielsatz*.

Die Struktur des *Hauptteils* ergibt sich aus dem Zweck oder Ziel der Rede. Wir unterscheiden zwischen Diskussionsbeiträgen, die von einer Problemlösung, einem Vorschlag überzeugen sollen, und Diskussionsbeiträgen, die einen Standpunkt begründen.

PROBLEMLÖSUNG

Steht eine Problemlösung, ein Vorschlag im Vordergrund, bietet sich für den begründenden Hauptteil folgende Argumentationsstruktur an:

1. Situationsbeschreibung: Wie ist der augenblickliche Zustand? Wie war die Situation bisher?
2. Perspektive: Wie sollte es sein? Welcher Zustand soll erreicht werden? Wie soll eine bessere Situation aussehen?
3. Lösungsmöglichkeiten: Wie kann das Ziel erreicht werden?

Die gesamte Argumentation hat dann folgende Struktur:

DENKPLAN	ARGUMENTATIONSSTRUKTUR	REDEVERLAUF
3. *Schritt:* Einstieg	EINLEITUNG Auf die Situation, auf die ZuhörerInnen bezogener Einstieg	1. *Schritt:* Einstieg

2. *Schritt:* Begründung	HAUPTTEIL
	1. *Situationsbeschreibung:*
	   Was war, was ist?
	2. *Perspektive:*
	   Wie sollte es sein?
	3. *Lösungsmöglichkeiten:*
	   Wie ist das zu erreichen?
		2. *Schritt:* Begründung

1. *Schritt:* Zweck, Ziel des Diskussionsbeitrags	SCHLUSS Problemlösung, Vorschlag: Das ist zu tun *oder* So soll vorgegangen werden *oder* Das ist (sind) meine Forderung(en)	3. *Schritt:* Zweck, Ziel des Diskussionsbeitrags

Ein Beispiel für den Redeverlauf:

- *Einstieg (Einleitung)*
  »Alle vier Kollegen, die vor mir gesprochen haben, sind für den einzigen männlichen Bewerber, obwohl alle Bewerberinnen die gleichen Qualifikationen wie er vorweisen können.«
- *Begründung (Hauptteil)*
  1. »Bisher wurden bei Einstellungen Männer stets gegenüber Frauen vorgezogen. Es wurde nicht nach der Qualifikation entschieden, sondern nach dem Geschlecht.«
  2. »Ich meine, die Benachteiligung der Frauen muss aufhören. Wir sollten als Betriebsrat ein Zeichen setzen, uns dafür einsetzen, dass in allen Positionen mindestens so viele Frauen wie Männer vertreten sind.«
  3. »Dieses Ziel können wir erreichen, indem wir bei gleicher Qualifikation so lange Frauen bevorzugen, bis die Mindestquote von 50 Prozent erreicht ist. Wir können bei der anstehenden Einstellung bereits nach diesem Grundsatz verfahren, da alle drei Bewerberinnen sogar hoch qualifiziert sind.«
- *Zweck, Ziel (Schluss)*
  »Ich fordere euch deshalb auf, für die Einstellung einer der drei Bewerberinnen zu stimmen – und diese Entscheidung gegenüber der Firmenleitung mit Nachdruck zu vertreten.«

✗ *Versuchen Sie es nun!*

In dem Büro, in dem Sie arbeiten, gibt es einen kleinen Pausenraum. Sie sind Nichtraucherin, und es stört Sie, dass in diesem Raum geraucht wird. Sie möchten ein Rauchverbot durchsetzen.

Notieren Sie einen *Denkplan* nach folgendem Muster:

- *Zweck, Ziel (Schluss)*
- *Begründung (Hauptteil)*
  1. Situationsbeschreibung
  2. Perspektive
  3. Lösungsmöglichkeit
- *Einstieg (Einleitung)*

Unser Vorschlag für den Redeverlauf:

- *Einstieg (Einleitung)*
  »Eva hustet wieder einmal, mir tränen die Augen, Kurt kommt überhaupt nicht mehr in den Pausenraum.«
- *Begründung (Hauptteil)*
  1. Situationsbeschreibung: »Es rauchen zu viele im Pausenraum, die Luft ist verqualmt, die Nichtraucherinnen und Nichtraucher fühlen sich belästigt.«
  2. Perspektive: »Alle sollten ohne Beeinträchtigung den Pausenraum nutzen können.«
  3. Lösungsmöglichkeit: »Das ist nur zu erreichen, wenn nicht geraucht wird.«
- *Zweck, Ziel (Schluss)*
  »Ich beantrage daher ein Rauchverbot im Pausenraum.«

STANDPUNKT

Wie kann eine Argumentation gegliedert werden, wenn die Begründung eines Standpunkts im Vordergrund steht? Ein Beispiel für den Redeverlauf:

- *Einstieg (Einleitung)*
  Behauptung: »Es besteht ein großer Widerspruch zwischen der Verfassungswirklichkeit und dem Verfassungsanspruch, dass niemand wegen des Geschlechts diskriminiert werden darf.«

- *Begründung (Hauptteil)*
  1. Beleg: »In der Wirtschaft, in der Politik, in allen Bereichen des öffentlichen Lebens sind Frauen in Führungspositionen erheblich unterrepräsentiert.«
  2. Beispiel(e): »So stagniert, trotz des gestiegenen Qualifikationsniveaus von Frauen, ihr Anteil in den Schaltstellen der Wirtschaft bei vier Prozent. Im Öffentlichen Dienst sieht es nicht besser aus.«
- *Zweck, Ziel (Schluss)*
  Schlussfolgerung: »Schöne Reden und unverbindliche Absichtserklärungen ändern nichts an dieser Situation. Notwendig sind wirksame Maßnahmen zur tatsächlichen Gleichstellung der Frauen.«

Eine typische Argumentationsfolge sieht so aus:

DENKPLAN	ARGUMENTATION	REDEVERLAUF
3. *Schritt:* Einstieg ↑	EINLEITUNG Behauptung	1. *Schritt:* Einstieg ↓
2. *Schritt:* Begründung ↑	HAUPTTEIL 1. Beleg 2. Beispiel(e)	2. *Schritt:* Begründung ↓
1. *Schritt:* Zweck, Ziel	SCHLUSS Standpunkt/ Schlussfolgerung	3. *Schritt:* Zweck, Ziel

✗ Nun sind Sie wieder an der Reihe. Stellen Sie sich folgende Situation vor: Sie wohnen in einer Kleinstadt. Auf der Hauptstraße ist von morgens bis abends starker Verkehr. Hunderte von Pkws und Lkws fahren durch Ihre Stadt. Täglich ereignen sich Unfälle. Besonders Kinder sind gefährdet. Abgase und Lärm bedrohen die Gesundheit. Sie vertreten den Standpunkt, dass der Durchgangsverkehr um Ihre Stadt herum geführt werden muss. Notieren Sie Ihre Überlegungen in Anlehnung an folgendes Muster:

- *Einstieg (Einleitung)*
  Behauptung
- *Begründung (Hauptteil)*
  1. Beleg
  2. Beispiel(e)
- *Zweck, Ziel (Schluss)*
  Standpunkt/Schlussfolgerung

Für diese Übungsaufgabe gibt es keine Musterlösung. Sie können Ihre Argumentation mit Hilfe folgender Fragen überprüfen:

1. Beruht die Behauptung auf überprüfbaren Tatsachen?
2. Stützt mein Beleg die Behauptung?
3. Sind die Beispiele treffend (von allgemeiner Bedeutung)?
4. Ist also meine Begründung (Beleg und Beispiele) schlüssig?
5. Ist die Schlussfolgerung, mein Standpunkt nachvollziehbar?

Bringen Sie nie mehr als drei Beispiele. Bei zu vielen Beispielen besteht die Gefahr, dass die Zuhörenden den roten Faden verlieren oder »abschalten«.

Wenn Sie Ihre Argumentation in der Auseinandersetzung mit den Beiträgen von anderen DiskussionsteilnehmerInnen entwickeln, können Sie ebenfalls auf dieses Argumentationsmuster zurückgreifen. Sie müssen es lediglich situationsbezogen leicht verändern. Das zeigen die folgenden Beispiele.

Strukturiert argumentieren

WIDERSPRUCH ÄUSSERN

- *Anknüpfung:* Meine Vorrednerin meint, an der Benachteiligung der Frauen auf dem Arbeitsmarkt könne dadurch etwas geändert werden, dass an Unternehmen appelliert wird, Frauen-Fördermaßnahmen durchzuführen.
- *Behauptung:* Ich meine, das bedeutet faktisch eine Beibehaltung der Diskriminierung von Frauen.
- *Begründung:* Die Entwicklung der letzten Jahre zeigt, dass Appelle nichts nützen; freiwillig ändern vor allem Unternehmen ihre Einstellungspraxis nicht. Trotz erklärter Bereitschaft, Frauen bei Einstellungen und Beförderungen zu bevorzugen, sind Frauen nach wie vor von leitenden Positionen ausgeschlossen. So stagniert, bei gestiegenem Qualifikationsniveau von Frauen, ihr Anteil in den Schaltstellen der Wirtschaft bei vier Prozent. An den Hochschulen lag der Anteil der Frauen an Spitzenpositionen 1997 knapp über vier Prozent. Ich könnte ohne Mühe weitere Beispiele nennen.
- *Standpunkt/Schlussfolgerung:* Unverbindliche Absichtserklärungen führen zu keiner grundsätzlichen Veränderung der Situation von Frauen auf dem Arbeitsmarkt. Notwendig sind gesetzliche Maßnahmen zur Gleichstellung der Frauen.

MEINUNGEN ODER VORSCHLÄGE VERKNÜPFEN

- *Anknüpfung:* Frau Arndt hat den Vorschlag gemacht, bei jeder Sitzung sollte jemand anderes die Diskussion leiten. Frau Böttcher plädiert dafür, bessere Voraussetzungen zu schaffen, damit sich alle Frauen aktiv beteiligen können.
- *Behauptung:* Ich denke, das sind keine Gegensätze.
- *Begründung:* Bei wechselnder Diskussionsleitung kann sichergestellt werden, dass mehr Anwesende sich aktiv an der Gestaltung der Sitzungen beteiligen – also auch Frauen.

- *Standpunkt/Schlussfolgerung:* Um das zu gewährleisten, trete ich dafür ein, dass abwechselnd eine Frau und ein Mann die Diskussionsleitung übernehmen.

MEINUNGEN ODER VORSCHLÄGE VERBINDEN
UND WEITERENTWICKELN

- *Anknüpfung:* Frau Arndt hat den Vorschlag gemacht, bei jeder Sitzung sollte jemand anderes die Diskussion leiten. Frau Böttcher plädiert dafür, bessere Voraussetzungen zu schaffen, damit sich alle Frauen aktiv beteiligen können.
- *Behauptung:* Ich denke, das sind keine Gegensätze.
- *Begründung:* Wenn sich Frauen und Männer regelmäßig in der Diskussionsleitung abwechseln, entsprechen wir beiden Wünschen.
- *Standpunkt/Schlussfolgerung:* Ich bin für eine zusätzliche Vereinbarung, die gewährleistet, dass alle Frauen jede Sitzung mitgestalten können. Ich schlage deshalb vor, dass wir künftig eine Redeliste führen, um zu verhindern, dass nur die reden, die sich mit lauter Stimme am besten Gehör verschaffen können.

Zum Abschluß dieses Abschnitts noch zwei Hinweise:
1. Notieren Sie sich, wenn Sie Gelegenheit dazu haben, Stichworte für Ihren Diskussionsbeitrag. Sie geben Sicherheit und sind eine Stütze, auch wirklich all das zu sagen, was Sie sich überlegt haben. Verwenden Sie, jedenfalls in der ersten Zeit, bewusst die Strukturierungskategorien (Behauptung, Begründung, Schlussfolgerung):
   - »Ich *behaupte* ...«
   - »Diese Behauptung *begründe* ich ...«
   - »Aus diesen Gründen *ziehe ich den Schluss* ...«

Mit zunehmender Diskussionserfahrung werden Sie diese Kategorien routiniert verwenden. Dann fällt Ihnen auch die Beteiligung an Diskussionen leichter, bei denen Sie sich keine Notizen machen können.

2. Es ist eine Kunst, die viele nicht beherrschen, an der richtigen Stelle einen Diskussionsbeitrag zu beenden. Hören Sie nach dem Zwecksatz auf. Fügen Sie nichts mehr hinzu, wenn Sie Ihre Problemlösung oder Aufforderung, Ihren Standpunkt oder Ihre Schlussfolgerung genannt haben. Verringern Sie nicht die Wirkung Ihrer Argumentation, indem Sie Ihren Diskussionsbeitrag mit einem unbedeutenden Argument oder Beispiel oder mit einer nebensächlichen Bemerkung abschließen.

Checkliste zur Vorbereitung auf eine Diskussion

- Über welche spezifischen Vorkenntnisse verfügen die anderen Teilnehmerinnen und Teilnehmer?
- Auf welche Erfahrungen können sie sich stützen?
- Welche Funktion haben oder hatten sie?
- Wie ist ihre Grundeinstellung zum Thema?
- Welche Fragen werden sie mir eventuell stellen?
- Provozieren sie gerne?
- Haben sie einen aggressiven Diskussionsstil?

Eine Diskussion leiten

Wenn Sie sich häufiger aktiv an Diskussionen beteiligen, entsteht vielleicht der Wunsch, Diskussionen auch zu leiten. Als erster Schritt bieten sich Diskussionen an, bei denen sich die Leitung darauf beschränkt, Wortmeldungen zu registrieren und auf die korrekte Reihenfolge der Redebeiträge zu achten. In solchen Fällen ist die Diskussionsleitung den anderen Teilnehmerinnen und Teilnehmern gleichgestellt. Will die Diskussionsleiterin mitdiskutieren, muss sie sich wie die übrigen Beteiligten zu Wort melden oder auf die Redeliste setzen.

Der nächste Schritt sind Diskussionen, bei denen die Leitung eine größere Rolle spielt und die Diskussion strukturiert werden muss. Für diese Situation geben wir Ihnen Hinweise. Wir unterstellen, dass Sie sich auf die Diskussion vorbereitet, sich mit dem Thema vertraut gemacht haben, auf dem betreffenden Gebiet also Fachfrau sind.

DISKUSSIONSLEITUNG

Die Aufgabe der Diskussionsleitung besteht vor allem darin, Beiträge zu sammeln und zu ordnen. Dazu gehört:

1. *Die Diskussion überschaubar machen:* Die Beteiligten können einer Diskussion dann am besten folgen, wenn durch Zwischen-Zusammenfassungen deutlich gemacht wird,
   - in welchen Punkten Übereinstimmung besteht,
   - wo Differenzen liegen,
   - welche Verbindungen zwischen den einzelnen Beiträgen bestehen,
   - welche Fragen geklärt und welche noch offen sind.
2. *Ziel und Thema im Auge behalten:* In engagiert geführten Diskussionen kommt es vor, dass wesentliche Gesichtspunkte nicht berücksichtigt werden oder das Diskussionsziel aus dem Blickfeld gerät. Die Diskussionsleitung muss in einer solchen Situation
   - an die Themen oder Zielstellung der Diskussion erinnern,
   - zum Thema zurückführen,
   - Themen ausklammern.

Eine Diskussion leiten 67

3. *Hilfestellungen geben:* Eine Diskussionsleiterin sollte dafür sorgen, dass alle Teilnehmerinnen und Teilnehmer die Chance haben, sich zu beteiligen. Das heißt zum einen: Niemand darf bevorzugt werden. Das kann zum anderen bedeuten: Teilnehmerinnen und Teilnehmer, die zurückhaltend sind oder denen die Erfahrung mit Diskussionsrunden fehlt, durch Ermunterung und Formulierungshilfen zu unterstützen.

- *Ermunterung:* Wenn Sie den Eindruck haben, jemand möchte etwas sagen, zögert aber, ermuntern Sie die oder den Betreffenden:
  »Frau Schulz, Sie wollten etwas sagen?«
  »Herr Schmidt, hatten Sie sich gemeldet?«
  Vermeiden Sie direkte Aufforderungen:
  »Herr Propst, jetzt sagen Sie doch mal etwas.«
  »Ellen, von dir haben wir noch gar nichts gehört.«
- *Formulierungshilfen:* Springen Sie helfend ein, wenn eine Teilnehmerin nach einem treffenden Begriff sucht, wenn einem Teilnehmer ein Satz verunglückt. Bieten Sie eine Interpretation an, wenn nicht deutlich wurde, was die betreffende Person meint: »Wenn ich Sie richtig verstanden habe, sind Sie der Meinung, dass...«.

Alle Teilnehmerinnen und Teilnehmer sind für das Gelingen einer Diskussion verantwortlich. Als Diskussionsleiterin sind Sie jedoch besonders gefordert, zur Klärung schwieriger Situationen beizutragen. Dazu gehört:

4. *Die Diskussion in Gang halten:* Gerät eine Diskussion ins Stocken, können Sie
- fragen, was an einer weiteren Beteiligung hindert,
- die Themen- oder Problemstellung noch einmal erläutern,

- den Stand der Diskussion bilanzieren,
- durch Fragen die Diskussion wieder in Gang bringen.

Zum letzten Punkt: Hilfreiche Fragen können sein:

- offene Fragen: »Vor welchem Problem steht eine Personalrätin?«
- provokative Fragen: »Sollten wir uns nicht damit abfinden, dass Frauen nicht abstrakt denken können?«
- Informationsfragen: »Was sagen Sie als Betroffene zu diesem Problem, Frau Daniel?«

Abzuraten ist von

- banalen Fragen: »Wer gewann gestern die Landtagswahlen?«
- Suggestivfragen: »Da wir gerade beim Thema Verbrechen sind, was halten Sie von Tierversuchen?«
- gezielten Fragen (erinnern unangenehm an die Schule): »Welche Partei ist für Tempo 100 auf Autobahnen?«

5. *Für einen fairen Diskussionsstil sorgen:* Es ist nicht die Aufgabe der Diskussionsleitung, Diskussionsbeiträge zu beurteilen oder zu bewerten. Diese Regel gilt nicht für Beiträge, die Unterstellungen oder persönliche Angriffe enthalten. In solchen Fällen sollten Sie

- den Beitrag zurückweisen: »Bitte unterlassen Sie persönliche Angriffe.« Oder
- die Diskussionsteilnehmerin oder den Diskussionsteilnehmer unterbrechen: »Bitte bleiben Sie sachlich und vermeiden Sie Unterstellungen.«

EINLEITUNG UND ABSCHLUSS EINER DISKUSSION

Wie eine Diskussion eröffnet und abgeschlossen wird, hängt von den näheren Umständen ab: Kennen sich die Beteiligten? Sind (Ehren-)Gäste und/oder ReferentInnen anwesend? Lag die inhaltliche Vorbereitung bei der Diskussionsleitung? Usw. Wir unterstellen im Folgenden, dass die Diskussion in einem eher förmlichen Rahmen stattfindet, und die Diskussionsleitung auch mit der inhaltlichen Vorbereitung beauftragt war. Manche der folgenden Hinweise brauchen Sie also nicht zu beachten, wenn sich die DiskussionsteilnehmerInnen gut kennen und alle die Aufgabe hatten, sich gezielt auf die Diskussion vorzubereiten.

Einleitung
Zur Einleitung einer Diskussion gehört die Begrüßung der Anwesenden und die Eröffnung der Diskussion. Machen Sie sich zur Maxime, schlicht einzuleiten:
* »Ich begrüße Sie herzlich und eröffne die Diskussion.«
* »Ich eröffne unsere Besprechung und begrüße euch nochmals alle sehr herzlich.«

Vermeiden Sie Hinweise auf Selbstverständlichkeiten und tadeln Sie nicht:
* »Ich freue mich, dass Sie alle so pünktlich erschienen sind.«
* »... der Kollege Schmidt wieder einmal unpünktlich ...«.

Liegt eine feste Tagesordnung vor, wird diese als nächstes vorgestellt: Welche Themen sollen in welcher Reihenfolge behandelt werden, wie lange dauert die Diskussion, wann ist eine Pause vorgesehen?
»Wir haben drei Punkte auf der Tagesordnung. Zunächst einen kurzen Bericht über das Gespräch mit der Frauenbeauftragten, dann der erste Schwerpunkt, die Diskussion, ob und mit welchen Forderungen wir uns an der Gesundheitskonferenz beteiligen. Zweiter Schwerpunkt ist die Frage, wie wir

künftig die Kinderbetreuung organisieren. Wir haben zweiein-
halb Stunden Zeit. Wir können also, einschließlich einer kleinen Pause, über jeden der beiden Schwerpunkte eine Stunde
diskutieren.«

An die Vorstellung der Tagesordnung schließt sich, unter bestimmten Umständen, die Frage an, ob es Änderungswünsche
oder Ergänzungsvorschläge gibt. Ist dies der Fall und ist die
Mehrheit der Teilnehmerinnen und Teilnehmer für diese Än-
derungen oder Ergänzungen, wird die Tagesordnung entspre-
chend verändert. Gibt es keine feste Tagesordnung, sammelt
die Diskussionsleitung Vorschläge zur Tagesordnung und zur
Reihenfolge, in der die einzelnen Punkte behandelt werden
sollen. In der Überleitung zur eigentlichen Diskussion wird

1. kurz das (erste) Thema und das Ziel der Diskussion erläutert,
2. das Thema abgesteckt und
3. das Thema in Teilthemen gegliedert,
4. zu einem Teilthema hingeführt und
5. die eigentliche Diskussion mit einer Frage eröffnet.

Ein Beispiel:

1. »Wir haben aufgrund der Schwierigkeiten mit... auf der
   letzten Sitzung beschlossen, uns heute intensiv mit der Frage zu beschäftigen... Ziel unserer Diskussion ist es...«.

2. »Unser Thema *Weiterqualifizierung und Aufstiegsmöglichkeiten
   für Kolleginnen* ist so wichtig wie vielschichtig. Ich schlage
   vor, dass wir uns heute darauf konzentrieren, was wir in unserer... tun können.«

3. »Auch dann hat unser Thema noch eine ganze Reihe von
   Aspekten. Hierzu zählen unter anderem... Die Reihenfolge
   der Aufzählung bedeutet keine Wertung. Und bestimmt gibt
   es noch weitere Gesichtspunkte. Da die einzelnen Punkte

ohnehin zusammenhängen, schlage ich vor, dass wir uns nicht damit aufhalten zu diskutieren, mit welchem Aspekt wir anfangen, sondern gleich in die Diskussion einsteigen.«

4. »Ich schlage vor, dass wir zunächst... diskutieren.«
5. »Meine Eingangsfrage lautet: Was...?«

Die Eingangsfrage
- muss verständlich formuliert sein,
- wird an alle gerichtet,
- sollte keine Alternativfrage sein, sondern
- sollte als offene Frage (vergleiche Seite 68) formuliert werden.
- An Stelle einer Frage kann die Diskussion auch mit einer These eröffnet werden, die zur Stellungnahme herausfordert.

Abschluss

Zum Beenden einer Diskussion gehören Schlusswort, Zusammenfassung (Beschlussfassung) und der eigentliche Abschluss. Gelegenheit zu einem Schlusswort wird gewöhnlich ReferentInnen oder den Teilnehmern einer Podiumsdiskussion gegeben. Bei anderen Formen der Diskussion fasst die Diskussionsleitung die Diskussion zusammen: Sie

- betont gemeinsame Standpunkte,
- hebt Differenzen hervor,
- benennt geklärte und offene Fragen,
- zieht gegebenenfalls Schlussfolgerungen (für die weitere Arbeit, das weitere Vorgehen).

Diese Zusammenfassung sollte so objektiv und sachlich wie möglich sein. Das gilt besonders dann, wenn dieser Zusammenfassung Abstimmungen folgen, wenn Beschlüsse zu fassen oder Entscheidungen zu fällen sind.

Am Ende steht der – schlichte – Dank an alle Beteiligten: »Liebe Kolleginnen, ich beende unsere Diskussion. Vielen Dank für eure rege Beteiligung. Auf Wiedersehen.«

Auf Zwischenrufe und Zwischenfragen reagieren

Es wäre zu schön, um wahr zu sein, wenn Sie in Diskussionen Ihre Argumentation stets ungehindert entwickeln könnten. Häufig sind Störungen an der Tagesordnung. Wie können Sie reagieren, wenn Ihnen Steine in den Weg gelegt werden? Wir gehen in diesem Abschnitt auf zwei solcher »Steine« ein: Zwischenrufe und Zwischenfragen.

✗ ZWISCHENRUFE

Wir haben eine Liste »beliebter« Zwischenrufe zusammengestellt, die häufig zu hören sind. Wir haben sie in unterschiedlichen Zusammenhängen notiert. Manche werden Sie schon kennen, andere noch nicht. Sehen Sie sich diese Sammlung zunächst einmal an, und versuchen Sie dann, eine Antwort zu formulieren.

- »*Zur Sache bitte!*«
- »*Fangen Sie ruhig bei Adam und Eva an!*«
- »*Das nimmt Ihnen hier niemand ab!*«
- »*Fassen Sie sich kurz!*«
- »*Das ist die dümmste Ausrede, die ich jemals gehört habe!*«
- »*Wie können Sie so etwas behaupten?!*«
- »*Das geht nicht!*«
- »*Und das sagen Sie uns ins Gesicht?!*«
- »*Stimmen wir ab!*«

Auf Zwischenrufe und Zwischenfragen reagieren 73

- »*Kommt überhaupt nicht in Frage!*«
- »*Nie gehört!*«
- »*Da sind Sie bei uns (mir) an der falschen Adresse!*«
- »*Wie steht es in der Geschäftsordnung?!*«
- »*Da könnte ja jeder kommen!*«
- »*Muss das jetzt sein!*«
- »*Das musste ja kommen!*«
- »*Wir sollten jetzt langsam zum Ende kommen!*«
- »*Das ist doch nicht Ihr Ernst?!*«
- »*Hört, hört!*«

Bevor Sie Ihre Antworten mit unseren Vorschlägen vergleichen, einige allgemeine Hinweise: Sie können einen Zwischenruf, sofern er nicht unverschämt ist, übergehen. Sie können auf einen Zwischenruf reagieren mit der Aufforderung: »Lassen Sie mich (bitte) ausreden.« Oder: »Unterbrechen Sie mich (bitte) nicht.« Ist ein Zwischenruf beleidigend, unterbrechen Sie Ihren Diskussionsbeitrag, und machen Sie diese Beleidigung zum Thema. Ob Sie auf einen Zwischenruf sachlich, ironisch oder polemisch reagieren, sollten Sie davon abhängig machen, von wem und in welcher Situation dieser Zwischenruf kommt. In jedem Falle sollte Ihre Reaktion kurz sein. Im Vordergrund steht Ihre Argumentation zur Sache. Unsere Antwort-Vorschläge sind mal sachlich, mal polemisch.

- »*Zur Sache bitte!*«
  »Genau zu der spreche ich.«
  »Zuhören und mitdenken!«
- »*Fangen Sie ruhig bei Adam und Eva an!*«
  »Ich gehe das Problem gründlich an.«
  »Sie werden sich daran gewöhnen müssen, anderen Auffassungen zuzuhören.«

- »*Das nimmt Ihnen hier niemand ab!*«
  »Sie sollten nicht von sich auf andere schließen.«
- »*Fassen Sie sich kurz!*«
  »Ich rede so lange wie nötig.«
  »Ich weiß, dass Ihnen diese Argumente nicht passen.«
- »*Das ist die dümmste Ausrede, ich jemals gehört habe!*«
  »Bleiben Sie sachlich.«
- »*Wie können Sie so etwas behaupten?!*«
  »Auf der Basis meiner Sachkenntnis.«
- »*Das geht nicht!*«
  »Sie werden sich noch wundern, was alles geht!«
- »*Und das sagen Sie uns ins Gesicht?!*«
  »Wem sonst?«
- »*Stimmen wir ab!*«
  »Nach der Diskussion.«
- »*Kommt überhaupt nicht in Frage!*«
  »Abwarten.«
  »Das entscheiden Sie nicht alleine.«
- »*Nie gehört!*«
  »Dann wird es aber Zeit.«
  »Lesen, lesen, lesen!«
  »Informieren Sie sich!«
- »*Da sind Sie bei uns (mir) an der falschen Adresse!*«
  »Sind Sie umgezogen?«
- »*Wie steht es in der Geschäftsordnung?!*«
  »Die kennen Sie nicht?«
  »Nachlesen!«
- »*Da könnte ja jeder kommen!*«
  »Eben.«
  »Und jede.«
- »*Muss das jetzt sein!*«

»Ja.«

- »*Das musste ja kommen!*«

  »Sie sagen es.«

  »Gut mitgedacht.«

- »*Wir sollten jetzt langsam zum Ende kommen!*«

  »Genau, langsam.«

  »Ich hab noch einiges zu sagen.«

- »*Das ist doch nicht Ihr Ernst?!*«

  »Doch.«

  »Nein, mein Fritz.«

- »*Hört, hört!*«

  »Wenn Sie nur einmal zuhören würden.«

Zwischenfragen

Zwischenfragen können mit der Absicht formuliert werden, Sie aus dem Konzept zu bringen. Zwischenfragen können aber auch aus echtem Interesse an Ihrer Meinung gestellt werden. Wir empfehlen Ihnen folgende Faustregel für den Umgang mit solchen Unterbrechungen: Wenn eine Diskussionsteilnehmerin eine Zwischenfrage stellt, beantworten Sie diese Frage. Sie entscheiden, ob Sie diese Frage sofort oder im Anschluß an Ihren Diskussionsbeitrag beantworten wollen. Wenn ein Diskussionsteilnehmer immerzu Zwischenfragen stellt, machen Sie ihn darauf aufmerksam, dass Sie nicht ständig unterbrochen werden wollen. Wir zeigen Ihnen einige Möglichkeiten, auf Zwischenfragen zu antworten. Grundgedanke dabei ist: Nehmen Sie sich Zeit zu antworten, verschaffen Sie sich einen Antwort-Vorlauf. Sie können:

- *Einen Überbrückungssatz formulieren:* »Lassen Sie mich kurz nachdenken, um Ihre Frage so konkret wie möglich beantworten zu können.«

- *Ihre Antwort gliedern:* »Ihre Frage spricht drei verschiedene Aspekte an. Ich will zunächst auf … eingehen, dann auf …. und schließlich auf die Frage nach …«
- *Eine Gegenfrage stellen:* »Können Sie Ihre Frage etwas präziser (konkreter) formulieren?« – »Wollen Sie weitere Informationen oder meine Meinung hören?«
- *Die Frage analysieren, zur Art der Frage Stellung nehmen:* »Ihre Frage enthält eine Voraussetzung (einen Gegensatz), die ich nicht teile. Ich gehe aber gerne auf das angesprochene Problem ein.« – (Wenn erforderlich, polemisch:) »An Ihrer Fangfrage ist nur das Fragezeichen seriös.«

Sie können Fragen auch weitergeben:
- »Ich meine, dass Frau Schneider viel geeigneter ist, diese Frage zu beantworten.«
- »Ich denke, wir sollten diese Frage an Frau Neumann richten.«

Und wenn mich …

… der Diskussionsverlauf stört?

Sprechen Sie es umgehend an, wenn Sie das Verhalten von DiskussionsteilnehmerInnen stört, wenn Sie mit dem Diskussionsverlauf unzufrieden sind. Ziehen Sie sich nicht aus der Diskussion zurück. Warten Sie nicht, bis Sie so viel Unmut aufgestaut haben, dass Sie nur noch heftig oder mißmutig reagieren können. Mit diesen Reaktionen verzichten Sie auf Ihre Einflussmöglichkeiten, oder Sie machen sich unbeliebt. Sagen Sie deshalb, auch wenn es anfangs schwer fällt, was Sie stört. Wie Sie das formulieren können, haben Sie bereits im Kapitel »Kritik« erfahren. Wir beschränken uns deshalb an dieser Stelle auf zwei Beispiele. Beschreiben Sie genau, was Sie aus welchen Gründen stört, und sagen Sie, wie weiter verfahren werden soll:

1. »Wir haben verabredet, dass wir als dritten Tagesordnungspunkt unseren Betriebsausflug planen. Wir haben nur noch eine halbe Stunde Zeit und sind immer noch beim zweiten TOP. Ich beantrage, dass wir die Diskussion über diesen Punkt jetzt beenden, damit noch genügend Zeit bleibt, den Betriebsausflug vorzubereiten.«

2. »Herr Fischer, Sie haben mich jetzt zum dritten Mal unterbrochen. Ich möchte ungestört ausreden können. Halten Sie sich bitte an die Redeliste, und fallen Sie mir nicht mehr ins Wort.«

... Vielredner nerven?

Es gilt das zuvor Gesagte. Sagen Sie ihm, dass es Sie stört, dass er lange (am Thema vorbei) spricht. Sie können zudem:

- deutlich machen, dass Sie auch noch andere Meinungen hören möchten,
- auf das Ziel der Diskussion verweisen, wenn ein Vielredner sein Steckenpferd reitet statt zur Sache zu reden,
- eine formale Regelung vorschlagen, z. B. eine Begrenzung der Redezeit beantragen.

... »Negative« beeinträchtigen?

In Diskussionen begegnen uns immer mal Teilnehmerinnen und Teilnehmer, die alles kritisieren, jeden Vorschlag ablehnen (in »jeder Suppe ein Haar entdecken«). Sagen Sie es, wenn Sie dieses Verhalten beeinträchtigt. Sie können zudem nach Vorschlägen oder Alternativen fragen:

- »Was schlagen Sie vor?«
- »Wie würden Sie es machen?«

Oder Sie fragen den »Negativen«, warum und mit welchem Interesse er an der Diskussion teilnimmt. Schließlich können Sie polemisch reagieren: Sie werden bestimmt dagegen sein, wenn ich ...«.

Im nächsten Kapitel erfahren Sie, wie Sie sich wehren können, wenn andere gezielt versuchen, Sie mit rhetorischen Tricks zu verunsichern und zu überrumpeln.

Rhetorische Strategien abwehren

Wir machen einen kleinen »Ausflug« auf die Gegenseite. Sie lernen Tricks und Kniffe kennen, die in traditionellen Rhetorik-Seminaren unterrichtet und in vielen Rhetorik-Büchern empfohlen werden: Argumentations- und Redemuster, die dazu dienen, Gesprächspartner und Gesprächspartnerinnen zu verunsichern, zu überrumpeln und sprachlos zu machen.

Uns ist nicht daran gelegen, dass Sie ebenfalls solche rhetorischen Strategien anwenden. Wir möchten einen Beitrag leisten, dass Sie diese Tricks künftig erkennen, durchschauen, sich nicht aus dem Konzept bringen lassen und selbstsicher reagieren.

Wer solche Strategien anwendet, hat es nötig. Wer solche Strategien anwendet, schafft sich vielleicht ehrfürchtige Gegnerinnen oder neidvolle Bewunderer – aber in keinem Falle Freundinnen oder Freunde. Wer solche Strategien anwendet, läuft schließlich Gefahr, dass die anderen diese Strategien auch kennen (zum Beispiel Sie nach der Lektüre dieses Kapitels).

Wir führen auf den nächsten Seiten 21 rhetorische Sprachmuster auf. Zunächst nennen wir den Namen der jeweiligen rhetorischen Strategie, dann bringen wir Formulierungsbeispiele. Beachten Sie bitte, dass manche dieser Formulierungen nicht immer mit Hintergedanken verwendet werden. Ein Beispiel: Unter der Überschrift »Verunsichern« finden Sie die Formulierung: »Sind Sie da ganz sicher?« Das kann eine ganz harmlose Frage sein. Sie verabreden sich mit einer Freundin, um gemeinsam ins Kino zu gehen. Sie sagen Ihrer Freundin, dass der Film um 20 Uhr 30 beginnt, und Ihre Freundin fragt: »Bist du ganz sicher?«. Es kommt also auf den Zusammenhang an, in dem dieser Satz gesprochen wird – und auf die Personen, die ihn formulieren.

✘ Lesen Sie bitte zunächst die 21 rhetorischen Strategien. Manche der Formulierungen werden Ihnen bekannt vorkommen, andere werden Sie nicht kennen. Überlegen Sie, wie Sie auf die rhetorischen Strategien reagieren könnten, die Sie kennen. Schreiben Sie Ihre Überlegungen in wörtlicher Rede auf, so als würden Sie mit Ihrem Gegenüber sprechen. Versuchen Sie dann, auch für die anderen Strategien Reaktionsmuster zu finden.

Sie brauchen für diese Übung ein wenig Fantasie. Sie müssen einen Zusammenhang mitdenken, in dem der jeweilige Satz als rhetorische Strategie eingesetzt werden könnte. Ein Beispiel zu »Selbstbekehrung«: Sie finden unter dieser Überschrift folgende Formulierung: »Auch ich war früher Ihrer Auffassung, aber…«. Eine Situation, in der diese »Selbstbekehrung« als rhetorische Figur eingesetzt wird, könnte eine Diskussion auf einer Party sein. Sie treten mit vielen Argumenten dafür ein, dass den Menschen in der sogenannten Dritten Welt auch mit Spenden geholfen werden sollte. Herr ABC entgegnet Ihnen: »Ich war früher auch Ihrer Meinung. Aber heute weiß ich, dass solche Spenden nichts nützen, weil…«. Der erste Satz von Herrn ABC hat keine argumentative Funktion – und deshalb ist er rhetorisch. Es tut nichts zur Sache, dass er früher auch Ihrer Meinung war. Dieser Hinweis dient nur dazu, bei Ihnen ein Schuldgefühl zu wecken: Bin ich vielleicht nicht auf dem neuesten Stand der Diskussion? Ist mein Wissen veraltet? Bin ich nicht lernfähig?

Setzen Sie sich nun mit den rhetorischen Strategien auseinander. Versuchen Sie, für möglichst viele Beispiele Antworten oder Reaktionen zu formulieren. Beißen Sie sich aber nicht fest. Vergleichen Sie dann Ihre Vorschläge mit unseren.

Rhetorische Strategien

1. *Verunsichern*
   - »Sind Sie da ganz sicher?«
   - »Woher wissen Sie das so genau?«
   - »Was glauben Sie denn, wie Ihre Kolleginnen auf Ihren Vorschlag reagieren werden?«
2. *Mit der Quelle das Argument abwerten*
   - »Du kannst in Erziehungsfragen nicht mitreden. Du hast ja keine Kinder.«
3. *Polemische Fragen*
   - »Glauben Sie das wirklich?«
   - »Ist das Ihr Ernst?«
4. *Suggestiv-Fragen*
   - »Ist es nicht so, dass …«
   - »Habe ich nicht Recht, wenn ich …«
5. *Angeblich gemeinsame Interessen*
   - »Es ist doch sicherlich auch in Ihrem Interesse, wenn …«
6. *Der Verweis auf Sachzwänge, die »Natur der Sache«*
   - »Es bedarf wohl keiner Begründung …«
   - »Zweifellos ist es so …«
   - »Es liegt doch auf der Hand …«
   - »Es liegt in der Natur der Sache …«

- »Natürlich ...«
- Selbstverständlich ...«

7. *Schmeicheleien*
   - »Bei Ihrer Erfahrung brauche ich wohl nicht darauf einzugehen ...«
   - »Sie als intelligenter Mensch werden doch ...«

8. *Kompetenz absprechen*
   - »Sie sind noch viel zu jung, um ...«
   - »Ihnen fehlt noch die Erfahrung, um ...«

9. *Scheinzustimmung*
   - »Selbstverständlich, allerdings ...«
   - »Ja, aber ...«
   - »Vollkommen richtig, nur ...«

10. *Andeutungen*
    - »Fast hätte ich gesagt ...«
    - »Auf die vielen Ungereimtheiten Ihrer Vorschläge will ich nicht weiter eingehen ...«
    - »Sieht man einmal von den Schwächen Ihrer Argumentation ab ...«

11. *Sprüche*
    - »Der gesunde Menschenverstand sagt einem doch ...«
    - »Wie lehrt uns die Erfahrung ...«

12. *Mystifizieren, »Name-dropping«*
    - »Schon Kant hat deutlich gemacht ...«
    - »Namhafte Experten haben festgestellt ...«
    - »Die Wissenschaft hat eindeutig ...«
    - »Es ist wissenschaftlich erwiesen ...«

13. *Selbstbekehrung*
    - »Auch ich war früher Ihrer Auffassung, aber ...«
    - »Mir ging es wie Ihnen, bevor ich ...«

14. *Verweis auf früher geäußerte Meinungen*

Rhetorische Strategien

- »Sie selbst haben einmal gesagt…«
- »Ich darf Sie an Ihre eigenen Worte erinnern…«
- »Wenn ich Sie einmal zitieren darf…«

15. *Zugeständnis*
    - »Wenn ich schon…, dann darf ich doch wohl erwarten, dass auch Sie…«
    - »Wenn ich…, dann können Sie doch wenigstens…«
    - »Wenn ich…, dann sollten Sie mindestens…«

16. *Scheinhöflichkeit*
    - »Sehr geehrte gnädige Frau…«
    - »Verehrte Kollegin…«
    - »Hoch geschätzte Frau Oberstudienrätin…«

17. *Verunglimpfen*
    - »Mit Ihren Ausführungen beweisen Sie nur, dass Sie meinen Vorschlag nicht verstanden haben«
    - »Sie konnten offensichtlich meiner Argumentation nicht folgen…«

18. *Meinungen als Tatsachen ausgeben*
    - »Wer sich auskennt, weiß…«
    - »Tatsache ist doch, dass…«
    - »Es ist doch in Wirklichkeit so, dass…«

19. *Unzulässige Verallgemeinerungen*
    - »So kann man das unmöglich machen, ich habe selbst erlebt…«

20. *Appell an Gefühle, Verantwortung, Ehre usw.*
    - »Ihr Gefühl muss Ihnen doch sagen…«
    - »Sie sind doch auch zu verantwortungsbewusst, um…«

21. *Frage nach dem Beweis, der nicht erbracht werden kann*
    - »Diejenigen, die gegen die Nachrüstung sind, werden beweisen müssen, dass dies unsere Sicherheit erhöht.« (Ronald Reagan)

Reaktions-Möglichkeiten

Wenn Sie Ihre Antworten mit unseren Vorschlägen vergleichen, beachten Sie bitte, dass es nicht *die* richtige Antwort oder Reaktion gibt. Unsere Vorschläge sind, wie es in der Überschrift heißt, Antwort-*Möglichkeiten*. Ihnen steht auch frei, auf die Mehrzahl der rhetorischen Strategien nicht ausdrücklich zu reagieren. Sie können eine ganze Reihe dieser sprachlichen Wendungen einfach übergehen. Wenn Sie es für situationsangemessen halten, dann ignorieren Sie zum Beispiel Schmeicheleien.

Sie sollten sich gut überlegen, ob Sie mit gleicher Münze heimzahlen. Wir raten davon ab. Unsere Empfehlung lautet: Antworten Sie auf rhetorische Tricks nicht gleichfalls rhetorisch. Bleiben Sie sachlich, wenn es auch manchmal schwer fällt. Sie werden, das ist unsere Erfahrung, bei den Zuhörerinnen und Zuhörern Pluspunkte sammeln.

Sie haben hier in aller Ruhe überlegen können, wie Sie auf Verunsicherungen oder Scheinzustimmungen reagieren können. Das können Sie in einer Diskussion oder Auseinandersetzung nicht. Lassen Sie sich dadurch nicht verunsichern. Das Wichtigste ist, dass Sie erkennen,

- ob rhetorische Mittel eingesetzt werden,
- was mit der jeweiligen rhetorischen Strategie beabsichtigt wird.

Der erste und wichtigste Schritt ist: sich nicht verunsichern zu lassen. Sie können, wenn Sie wollen, in der ersten Zeit entweder nicht ausdrücklich auf diese Strategien eingehen oder freundlich, aber bestimmt sagen: »Ich denke, es ist zweckdienlicher, Sie verzichten auf diese rhetorischen Strategien.«

(Schärfer [Vorsicht!]: »Ich hätte nicht gedacht, dass Sie rhetorische Floskeln nötig haben.«). Mit etwas Übung werden Sie – im zweiten Schritt – nach und nach auch rasch die rhetorischen Strategien der anderen sprachlich aufgreifen können.

Weil wir es für sehr wichtig halten, die Absicht rhetorischer Muster zu durchschauen, gehen wir, wenn erforderlich, bei unseren Antwort-Möglichkeiten darauf ein. Nun zu unseren Vorschlägen:

1. *Verunsichern* – Fragen wie: »Sind Sie da ganz sicher?« sollen bei Ihnen Zweifel wecken, sollen Sie verunsichern. Wer ist schon ganz sicher? Sie haben sich das, was Sie gesagt haben, gut überlegt. Sie sind daher (vorläufig) ganz sicher – und antworten deshalb kurz und bestimmt mit »ja«.
   - »Woher wissen Sie das so genau?« – »Ich habe mich informiert.«
   - »Was glauben Sie denn, wie Ihre Kolleginnen auf Ihren Vorschlag reagieren werden? – »Mit Zustimmung.«
2. *Mit der Quelle das Argument abwerten* – Es ist ein beliebter Trick, ein Argument abzuwerten mit dem Verweis auf die Person, die dieses Argument anführt. Machen Sie deutlich, dass es um Ihr(e) Argument(e) geht, nicht um Ihren Status:
   - »Es geht nicht um mich, sondern um meine These, dass …«
   - »Es geht nicht darum, ob ich Kinder habe oder nicht, sondern um meine These, dass …«
3. *Polemische Fragen* – Auch hier kurz und bestimmt antworten:
   - »Glauben Sie das wirklich?« – »Ja«
   - »Ist das Ihr Ernst?« – »Ja«
4. *Suggestiv-Fragen*
   - »Ist es nicht so, dass …« – »Nein«
   - »Habe ich nicht Recht, wenn ich …« – »Nein«

5. *Angeblich gemeinsame Interessen*
   - »Es ist doch sicherlich auch in Ihrem Interesse, wenn...«
     – »Nein«
6. *Der Verweis auf Sachzwänge, die »Natur der Sache«* – Der Verweis auf angebliche Sachzwänge soll davon ablenken, dass Argumente fehlen. Es gibt keine Sachzwänge, und im menschlichen Miteinander ist nichts »natürlich«, vielmehr ist alles Ergebnis sozialen Handelns, menschlicher Entscheidungen. Die Antworten auf entsprechende rhetorische Strategien können daher sehr kurz ausfallen:
   - »Es bedarf wohl keiner Begründung...« – »Doch«
   - »Zweifellos ist es so...« – »Nein«
   - »Es liegt doch auf der Hand...« – »Nein«
   - »Es liegt in der Natur der Sache...« – »Nein«
7. *Schmeicheleien* – Schmeicheleien sollen Sie unkritisch machen, sollen Sie am Nachdenken hindern. Antworten Sie mit »gerade weil«:
   - »Bei Ihrer Erfahrung brauche ich wohl nicht darauf einzugehen...« – »Gerade weil ich auf diesem Gebiet viele Erfahrungen habe, teile ich Ihre Meinung nicht.«
   - »Sie als intelligenter Mensch werden doch...« – »Gerade weil ich ein intelligenter Mensch bin, werde ich nicht...«
8. *Kompetenz absprechen* – Auch hier hilft die »gerade weil«-Argumentation:
   - »Sie sind noch viel zu jung, um...« – »Gerade weil ich noch jung bin, kann ich die Sache unvoreingenommen sehen.« (oder: »mit Energie anpacken«)
   - »Ihnen fehlt noch die Erfahrung, um...« – »Gerade weil ich hier neu bin, kann ich noch alles mit der notwendigen Objektivität betrachten.«
9. *Scheinzustimmung* – Reagieren Sie mit Nachfragen:

Reaktions-Möglichkeiten 87

- »Selbstverständlich, allerdings...« – »Was ist selbstverständlich?«
- »Ja, aber...« – »Worauf bezieht sich Ihr Ja?«
- »Vollkommen richtig, nur...« – »Was ist vollkommen richtig?«

10. *Andeutungen* – Auch hier gilt: nachfragen. Andernfalls räumen Sie ein, dass Ihre Vorschläge »ungereimt« sind oder Ihre Argumentation »Schwächen« aufweist.
    - »Fast hätte ich gesagt...« – »Sagen Sie es!«
    - »Auf die vielen Ungereimtheiten Ihrer Vorschläge will ich nicht weiter eingehen...« – »Gehen Sie bitte darauf ein!«
    - »Sieht man einmal von den Schwächen Ihrer Argumentation ab...« -»Welche Schwächen?!«

11. *Sprüche* – Übergehen Sie Allgemeinplätze, und verlangen Sie Argumente:
    - »Der gesunde Menschenverstand sagt einem hier doch...«- »Argumente bitte (und keine Platitüden)!«
    - »Wie lehrt uns die Erfahrung...« – »Haben Sie (außer Gemeinplätzen) auch Argumente?«

12. *Mystifizieren, Name-dropping* – Funktion dieser Strategie ist es, sich den Mantel des Kenners und Experten umzuhängen und zu imponieren. Lassen Sie sich nicht einschüchtern und verlangen Sie Argumente:
    - Schon Kant hat deutlich gemacht...« – »Und was meinen Sie?«
    - »Namhafte Experten...« – (Ironisch:) »Schön, dass Sie so viel gelesen haben. Dann haben Sie sicher auch schlüssige Argumente.«
    - »Die Wissenschaft hat eindeutig...« – »Argumente bitte.«
    - »Es ist wissenschaftlich erwiesen...« – »Dann können Sie es sicher auch begründen.«

13. *Selbstbekehrung* – Die »Selbstbekehrung« will folgenden Effekt erzielen: Sie sollen an Ihrer Auffassung zweifeln. Sie sollen sich fragen, ob Sie nicht auch Ihre Meinung hätten ändern sollen. Ignorieren Sie solche Tricks. Wir führen Beispiele für eine schärfere Reaktion an (die wir nicht unbedingt empfehlen):

- »Auch ich war früher Ihrer Auffassung, aber...« – »Bitte keine Geständnisse, sondern Argumente.«
- »Mir ging es wie Ihnen, bevor ich...« – »Ihre Meinungsänderung ist interessant, aber kein Argument«.

14. *Verweis auf früher geäußerte Meinungen* – Diese Strategie will gleichfalls Zweifel wecken: Sie sollen daran zweifeln, ob es richtig war, dass Sie Ihre Auffassung geändert haben. Es ist Ihre Angelegenheit, ob Sie an einer Meinung festhalten oder sie ändern. Unsere Empfehlung: Stehen Sie offensiv zu Ihrem Meinungswandel:

- »Sie haben einmal gesagt...« – »Heute weiß ich es besser.«
- »Ich darf Sie an Ihre eigenen Worte erinnern...« – »Schön, dass Sie so gut behalten haben, was ich früher dazu gesagt habe. Heute sehe ich das anders, weil...«
- »Wenn ich Sie einmal zitieren darf...« – »Ich erläutere Ihnen gerne, warum ich das heute anders sehe.«

15. *Zugeständnis* – Mit der Strategie »Zugeständnis« wird versucht, zwei Sachverhalte zu verknüpfen, die nichts miteinander zu tun haben. Ein Beispiel: Frau und Herr ABC sitzen nach dem Abendessen im Wohnzimmer. Herr ABC möchte, dass seine Frau ihm ein Bier aus der Küche holt. Sie will, dass er sich das Bier selbst holt. Herr ABC versucht es mit der Strategie »Zugeständnis«: »Wenn ich schon abends das Geschirr abtrockne, dann darf ich doch

wohl erwarten, dass du mir ein Bier aus der Küche holst!« Frau ABC weist ihren Mann freundlich und beistimmt darauf hin – das ist unsere Empfehlung –, dass das eine nichts mit dem anderen zu tun hat.

16. *Scheinhöflichkeit* – Überhören Sie »Scheinhöflichkeiten«.

17. *Verunglimpfen* – Überhören Sie Verunglimpfungen, oder antworten Sie mit »gerade weil«:
    - »Mit Ihren Ausführungen beweisen Sie nur, dass Sie meinen Vorschlag nicht verstanden haben.« – »Gerade weil ich Ihren Vorschlag sehr gut verstanden habe, lehne ich ihn ab.«
    - »Sie konnten offensichtlich meiner Argumentation nicht folgen...« – »Gerade weil ich Ihre Argumentation verstanden habe, widerspreche ich.«

18. *Meinungen als Tatsachen ausgeben* – Fordern Sie Argumente, Beweise, Tatsachen:
    - »Wer sich auskennt, weiß...« – »Argumente bitte!«
    - »Tatsache ist doch, dass...« – »Argumente bitte!« (oder:) »Nein!«
    - »Es ist doch in Wirklichkeit so, dass...« – »Belegen Sie das bitte!« (oder:) »Nein!«

19. *Unzulässige Verallgemeinerungen* – Weisen Sie darauf hin, wenn unzulässig verallgemeinert wird. Oder »übersetzen« Sie das »man« in einer unzulässigen Verallgemeinerung:
    - »So kann man das unmöglich machen, ich habe selbst erlebt...« – »So können *Sie* das nicht machen! *Ich* kann (wir können) das schon!«

20. *Appell an Gefühle, Verantwortung, Ehre usw.* – Lassen Sie sich nicht einnebeln. Weisen Sie darauf hin, dass Gefühle, Ehre usw. nicht zur Diskussion stehen, sondern Sachargumente:

- »Ihr Gefühl muss Ihnen doch sagen ...« – »Mein Gefühl spielt hier keine Rolle, sondern ...« (oder schärfer:) »Meine Gefühle kenne ich selbst am besten, deshalb ...« Sie können auch mit »gerade weil« antworten:
- »Sie sind doch auch zu verantwortungsbewusst, um ...« – »Gerade weil ich verantwortungsbewusst bin ...«

21. *Frage nach dem Beweis, der nicht erbracht werden kann* – Der frühere US-Präsident Reagan sagte in einer Rede im Deutschen Bundestag unter anderem: »Diejenigen, die gegen die Nachrüstung sind, werden beweisen müssen, dass dies unsere Sicherheit erhöht.« Der Trick besteht bei diesem Argument für die »Nachrüstung« darin, dass die Gegnerinnen und Gegner der »Nachrüstung« diesen Beweis praktisch nicht antreten konnten, da sie nicht die Richtlinien der Politik bestimmten. Allgemeiner: Diese rhetorische Strategie versucht dadurch sprachlos zu machen, dass ein praktischer Beweis von jemandem gefordert wird, der oder die nicht über die Voraussetzungen verfügt, diesen Beweis anzutreten. Ein anderes Beispiel: In der Firma, in der Sie arbeiten, organisieren seit sieben Jahren drei Kollegen den Betriebsausflug. Schon seit vier Jahren ist das Programm immer das gleiche. Die meisten Kolleginnen und Kollegen finden den Betriebsausflug mittlerweile langweilig. Sie sprechen das an. Die drei Kollegen antworten: »Diejenigen, die meinen, der Betriebsausflug könnte interessanter gestaltet werden, werden das beweisen müssen.« Unser Vorschlag für eine Reaktion: »Geben Sie mir die Möglichkeit dazu!« Allgemeiner: Verlangen Sie, dass Sie die Chance erhalten, es praktisch zu beweisen.

Nicht überhört werden

Vielleicht haben Sie sich über einige Formulierungen oder Schreibweisen in den vorhergehenden Kapiteln gewundert. Vielleicht hielten Sie es für übertrieben, dass wir das Wörtchen »man« durch »frau« ersetzen. Oder Sie fanden es umständlich, dass wir entweder »Redner« und »Rednerin« oder »RednerIn« schreiben. Ist diese Schreib- und Redeweise nur eine Frage des Geschmacks? Wir meinen: Es geht um mehr; es geht um einen wichtigen Aspekt selbstsicheren Redens. Das wollen wir in den nächsten Abschnitten verdeutlichen.

Sprache: Von Frauen muss die Rede sein

»Unser Apotheker hat kürzlich meinen Bruder geheiratet.« Dieser Satz irritiert die meisten, weil sie sich unter »Apotheker« spontan einen Mann verstellen. Nun wird häufig darauf verwiesen, Frauen seien stets mitgemeint, wenn von Apothekern, Studenten, Lehrern, Abgeordneten, Deutschen oder Menschen gesprochen wird. Sehen wir einmal davon ab, dass es höchst unbefriedigend ist, nur *mitgemeint* zu sein und nicht ausdrücklich genannt zu werden. Der alltägliche Sprachgebrauch zeigt: Frauen sind nicht einmal mitgemeint. Wir hören: »Die Abgeordneten und ihre Gattinnen nahmen an dem Empfang teil.« Sind keine Frauen im Parlament vertreten? Wir lesen im Sportteil der Zeitung: »Kein gesunder

Mensch kann drei oder sechs Wochen ohne Frau auskommen.« Sind Frauen keine gesunden Menschen oder überhaupt keine Menschen?

Fragen Sie einmal einen Mann, was er antworten würde, wenn Sie ihn als Apothekerin, als Lehrerin oder Studentin, als Fachfrau oder Beamtin, als Hausmeisterin oder Kollegin ansprechen würden.

Wenn es Apothekerinnen, Lehrerinnen, Politikerinnen gibt, dann muss Sprache dieser Tatsache auch Rechnung tragen und sie ausdrücklich nennen. Die Verwendung der weiblichen Formen ist also notwendig, um die Wirklichkeit angemessen abzubilden. Sie ist auch deshalb wichtig, weil Sprache auch Wirklichkeit schafft. Darauf hat die Sprachwissenschaftlerin Senta Trömel-Plötz hingewiesen: »Wenn z. B. bei allen hohen Funktionen und Rängen immer die weibliche Form mitverwendet wird, lernen wir es ganz automatisch, uns Frauen in diesen Positionen vorzustellen, und das wäre vor allem bei Mädchen, Schülerinnen, Studentinnen, jungen Frauen von entscheidender Bedeutung für ihr Selbstbild, Selbstvertrauen und damit für ihre Berufswünsche.«[*]

Wie wäre es, wenn zu lesen wäre, dass die Wirtschaft junge qualifizierte Frauen sucht, dass junge Frauen an die Spitze der Politik nachwachsen müssten, dass eine Kanzlerkandidatin gesucht wird? Wenn Frauen in der Sprache sichtbar und hörbar sind, ist dies ein wichtiger Schritt zur Auflösung der Gleichung Frau = zweitrangig. Und die Überwindung dieses Klischees trägt zur Stärkung des Selbstbewusstseins von Frauen bei. Weil sie sich ihrer selbst bewusst sind, akzeptieren es viele Frauen nicht mehr, als Zuhörer, Kollegen, Wähler, Mitarbei-

[*]Frankfurter Rundschau, 13.7.1985

Sprache: Von Frauen muss die Rede sein 93

ter oder als Schüler, Studenten oder Besucher angesprochen zu werden. Deshalb sprechen sie von Kolleginnen und Kollegen oder schreiben StudentInnen. Deshalb bestehen sie auf dem Ausdruck Redeliste (statt Rednerliste), gehen sie ans Redepult (statt ans Rednerpult), stehen sie ihre Frau (statt ihren Mann) und verstoßen gegen Sprachregeln: »Frau braucht häufig ihren gesamten Mut, um aus ihrer traditionellen Rolle auszubrechen« (statt: »man braucht häufig seinen gesamten Mut, um aus seiner …«).

✗ Machen Sie einen kleinen »Sprachtest«: Markieren Sie bei den folgenden Sätzen alle Formulierungen, in denen Frauen
- ausgeschlossen oder ihre Leistungen ignoriert werden,
- in Abhängigkeit von Männern dargestellt werden,
- abgewertet werden.

Formulieren Sie dann die Sätze so um, dass Frauen sprachlich nicht mehr diskriminiert werden.*
- Jeder freut sich auf seinen Urlaub.
- Wer hat seinen Regenschirm vergessen?
- Bundeskanzler Schröder und seine Frau Doris machen Urlaub auf Sylt.
- Abends trafen sich die Jugendlichen mit ihren Mädchen vor der Kirche.
- Jeder, der im Flugzeug sitzt, muss sich beim Start anschnallen.
- Die Väter des Grundgesetzes …

*Wenn Sie sich näher mit diesem Thema beschäftigen wollen, empfehlen wir Ihnen die Veröffentlichungen von Senta Trömel-Plötz, aus denen auch einige Beispiele entnommen sind, und die Aufsätze von Luise F. Pusch (vgl. Literaturhinweise).

- Der Nächste, bitte!
- Hausfrauenpflicht...
- Unsere Skimädchen holten Gold, die Männer erzielten Silber.

Unsere Vorschläge:
- *Alle* freuen sich auf ihren Urlaub. Oder (im Gespräch unter Kolleginnen): *Jede* freut sich auf ihren Urlaub. »Jeder« bezieht sich nur auf Männer, das zeigt das folgende »seinen«. Frauen werden also ausgeschlossen.
- Wer hat *diesen* (einen) Regenschirm vergessen? »Wer« bezieht sich nur auf Männer, das zeigt das folgende »seinen«.
- Bundeskanzler Schröder und seine Frau Doris machen Urlaub auf Sylt. Die Formulierung »seine Frau Doris« macht Frau Schröder-Köpf zum Anhängsel von Herrn Schröder.
- Abends trafen sich die Jugendlichen vor der Kirche. Oder: Abends trafen sich die Mädchen und Jungen vor der Kirche.
- Alle, die im Flugzeug sitzen, müssen sich beim Start anschnallen. »Jeder« bezieht sich nur auf Männer, das zeigt das folgende »der«.
- Die Mütter und Väter des Grundgesetzes. Unter den »Vätern« des Grundgesetzes waren auch vier »Mütter«.
- Die oder der Nächste, bitte! Oder: Wer ist an der Reihe?
- (Zum Beispiel:) Hausarbeit. »Hausfrauenpflicht« unterstellt, bestimmte Tätigkeiten seien »Pflicht« der Frau.
- Die Skiläuferinnen holen Gold, die Männer erzielten Silber. Wenn die Skiläufer keine »Jungs« sind, dann gibt es keinen Grund, die Skiläuferinnen als »Mädchen« zu bezeichnen (und schon gar nicht als »unsere« Mädchen).

Gesprächsverhalten: Bestimmt reden

> »Mädchen, die reden, und Hühnern, die krähen,
> soll man beizeiten die Hälse umdrehen«.
>
> *(Sprichwort)*

Sie haben sicher folgende Situation schon mehr als einmal erlebt: Eine Frau macht einen Vorschlag und findet keine Resonanz. Wenig später bringt ein Mann die gleiche Überlegung noch einmal mit anderen Worten ins Gespräch ein – und bekommt ein lebhaftes Echo. Haben Sie sich nach Diskussionen den Kopf darüber zerbrochen, ob Ihre Argumente deshalb nicht aufgegriffen wurden, weil sie nicht schlüssig oder undeutlich formuliert waren? Haben Sie hin und her überlegt, ob Ihr Vorschlag nicht ankam, weil Sie ihn zu einem ungünstigen Zeitpunkt gemacht haben?

Diskussions- und Redebeiträge werden geschlechtsabhängig bewertet. Männer haben einen Bonus. Ihre Beiträge werden mehr beachtet als die von Frauen, ihre Vorschläge finden eher oder größere Zustimmung. Männer machen von diesem Bonus regen Gebrauch: Sie reden in gemischtgeschlechtlichen Gruppen mehr als Frauen. Das Klischee von der geschwätzigen Frau und dem schweigsamen Mann trifft ebensowenig zu wie der bösartige Spruch: »Ein Mann ein Wort, eine Frau ein Wörterbuch«.

Das Gesprächsverhalten von Männern unterscheidet sich deutlich von dem der Frauen. Männer verfügen über ein breites Spektrum von Strategien, mit denen sie bewusst oder unbewusst versuchen, Gespräche zu beherrschen: Sie reden lauter als Frauen. Sie sprechen bestimmter, selbst wenn sie sich nicht sicher sind. Männer unterbrechen Frauen häufiger als umgekehrt. Sie unterbrechen häufiger Frauen als Männer. Sie unterbrechen Frauen mit Bemerkungen, die sie gegenüber Männern nicht machen: mit Zwischenrufen und Kommentaren, die sich auf das Aussehen, die Kleidung usw. beziehen (»Sie sehen besser aus als Sie reden«). Sie werten Frauen ab oder machen sie lächerlich (»zur Sache, Schätzchen«, »aber liebes Fräulein«). Sie verweigern Antworten, würgen von Frauen eingebrachte Themen ab. Sie bewerten Diskussionsbeiträge von Frauen, statt sich auf den Inhalt einzulassen (»Die Überlegungen meiner Vorrednerin sind wohl noch etwas unausgegoren«). Und sie stellen Bewertungsfallen auf: Reden Frauen leise und zurückhaltend, werden sie nicht beachtet und nicht ernst genommen. Sprechen Frauen selbstsicher, selbstbewusst und bestehen auf ihrer Meinung, gelten sie als »unweiblich« oder »aggressiv« und werden als »Emanze« bezeichnet (»Die hat Haare auf den Zähnen«).

Schwarzmalerei? Übertreibungen? Unsere Feststellungen sind Verallgemeinerungen. Es gibt Ausnahmen. Diese Ausnahmen belegen die Regel, die in vielen Untersuchungen (vgl. den Literaturhinweis auf der Seite 173f.) bestätigt wurde: In gemischtgeschlechtlichen Gruppen machen Männer in Gesprächen und Diskussionen Frauen das Leben schwer – und Frauen lassen sich das noch zu oft gefallen. Selbst wenn Männer sich zurückhalten, kann das noch ein Dominanzmechanismus sein: Sie sagen nichts und zeigen damit, dass es sich um ein unwichtiges »Frauenthema« handelt (»Lass das mal die Frauen regeln«).

Sollen Frauen sich dem männlichen Gesprächsverhalten anpassen, um sich Gehör zu verschaffen? Wir beobachten immer wieder, dass Frauen in Gesprächsgruppen einander signalisieren, dass sie das Imponiergehabe eines Redners komisch oder störend finden. Es macht wenig Sinn, das nachzuahmen, was als komisch oder störend empfunden wird. Ein besseres Mittel, um dem Männerbonus entgegenzutreten, ist ein selbstsicheres Auftreten. Was ist damit gemeint? Wir haben in den vorangegangenen Kapiteln Hinweise gegeben, wie Sie strukturiert argumentieren und gelassen auf Zwischenrufe und Zwischenfragen reagieren können, wie Sie rhetorische Tricks zurückweisen können. Diese Hinweise beziehen sich auf den Inhalt von Gesprächen oder Diskussionen. Jede Kommunikation hat neben der Inhaltsdimension auch eine Beziehungsdimension. Mit dem Inhalt einer Mitteilung wird zugleich – durch bestimmte Formulierungen, im Tonfall oder mit nichtsprachlichen Signalen – eine Beziehung zum Gegenüber ausgedrückt. Zu diesem Aspekt von Kommunikation machen wir Vorschläge für selbstsicheres Reden.

Es schmälert die Wirkung Ihrer Aussage, Ihrer Argumente, wenn Sie auf der Beziehungsebene Signale aussenden, die als Unsicherheit aufgenommen werden. Folgende sprachliche Unsicherheits-Signale sind besonders oft von Frauen zu hören:

1. *Ich bin unsicher, ich brauche Zustimmung*

Viele Frauen hängen an ihre Aussage eine Frageform an: »Der Kaffeeautomat ist ständig kaputt, nicht wahr?« Sie nehmen damit ihre Aussage zurück und signalisieren, dass sie sich dessen, was sie sagen, nicht ganz sicher sind. Lassen Sie diese Anhängsel weg. Wenn Sie wissen, dass der Kaffeeautomat ständig kaputt ist, formulieren Sie einen Aussagesatz. Wenn Sie wissen möchten, ob der Automat häufig defekt ist, stellen Sie eine Frage. Wenn Sie der Auffassung sind, dass Sie und Ihre Kolleginnen zu viele Überstunden machen, dann fragen Sie nicht: »Ist es nicht so, dass wir zu viele Überstunden machen?« Damit schwächen Sie Ihre Aussage ab oder signalisieren, dass Sie auf Zustimmung angewiesen sind. In diese Kategorie von sprachlichen Unsicherheits-Signalen gehören auch:

- »Ich glaube ...«
- »Ich würde sagen ...«
- »Könnte es nicht sein ...?«
- »Vielleicht sollten wir ...«
- »Eigentlich wollte (meine) ich ...«
- »Meinst du nicht auch ...?«
- »Sollten wir nicht besser ...?«

Überspitzt: »Vielleicht sollten wir davon ausgehen, dass es unter Umständen irgendwie schwerfällt, etwas mit Bestimmtheit zu sagen, oder?«

Sagt eine Frau: »Sollten wir das nicht vielleicht so machen?«, und ein Mann antwortet: »Ja, so machen wir das«, werden die übrigen GesprächsteilnehmerInnen leicht den Eindruck gewinnen, dass es sein Vorschlag war – weil er sich bestimmt ausdrückte. Kurz: Sprechen Sie nicht fragend, wenn Sie keine Frage haben. Formulieren Sie Behauptungen und Meinungen auch als solche.

2. *Ich traue mich nicht, »ich« zu sagen*
   - »Wir sollten mal wieder ein Wochenende nur für uns haben.«
   - »Ist er nicht sehr unzuverlässig?«
   - »Ist das nicht ein Fehlkauf?«
   - »Willst du nicht mitkommen?«

In diesen vier Aussagen wird die eigene Person, das Ich, versteckt, werden Wünsche und Meinungen nicht eindeutig ausgesprochen, sondern als Frage formuliert. Selbstsicheres Reden dagegen bedeutet: Die Sprecherin übernimmt Verantwortung, spricht konkret und direkt und hält sich keine Rückzugsmöglichkeiten offen (vgl. den Abschnitt *Kri-*

tisieren). Sagen Sie, was Sie denken, wollen, meinen; sagen Sie *Ich*:

- »Ich möchte das nächste Wochenende mit dir alleine verbringen.«
- »Ich halte ihn für sehr unzuverlässig.«
- »Ich meine, das ist ein Fehlkauf.«
- »Mir ist sehr daran gelegen, dass du mitkommst.«

3. *Wer bin ich denn schon*

Schwächen Sie Ihre Aussagen nicht ab, indem Sie sich selbst oder Ihre Meinung abwerten oder klein machen durch Formulierungen wie:

- »Ich bin ja nur die Sekretärin (eine Hausfrau)...«
- »Ich bin keine Expertin auf diesem Gebiet...«
- »Meine unmaßgebliche Meinung dazu ist...«
- »Das ist nur so eine Idee von mir...«
- »Mehr fällt mir dazu nicht ein.«
- »Ich meine bloß...»
- »Ich weiß ja nicht, ob das jetzt passt (dazugehört)...«

Mit solchen Formulierungen laden Sie unnötig zur Kritik ein. Machen Sie sich selbst und anderen deutlich, dass Sie etwas zu sagen haben!

4. *Darf ich auch was sagen?*

Beginnen Sie einen Diskussionsbeitrag nicht mit einer einleitenden Bitte um das Rederecht. Dieses Recht steht Ihnen zu. Vermeiden Sie deshalb Floskeln wie: »Wenn ich auch einmal etwas dazu sagen darf.« »Ich würde gerne einmal fragen...«. *Sie* meinen vielleicht, das seien nur Höflichkeits-Floskeln. Bei *anderen* können solche Einleitungen jedoch als mangelndes Selbstbewusstsein, als Unsicherheit ankommen. Solche Redewendungen sind gelernt und werden meist unbewusst verwendet. Auch Männer gebrauchen manchmal solche Formulierungen – aber eben nur manchmal, in bestimmten Situationen (zum Beispiel gegenüber Vorgesetzten). Wenn zwei das gleiche sagen, ist es noch lange nicht dasselbe. Frauen haben in Gesprächen und Diskussionen keinen Bonus. Verschlechtern Sie Ihre Ausgangsbedingungen nicht durch sprachliche Signale, die als Unsicherheit wahrgenommen werden können. Vermeiden Sie Abschwächungen. *Sprechen Sie bestimmt!*

10 Tipps für Gespräche in gemischtgeschlechtlichen Gruppen

1. *Sich nicht unterbrechen lassen*
   »Ich möchte meinen Gedanken zu Ende führen.«
   »Unterbrechen Sie mich (bitte) nicht.«
   »Einen Augenblick, ich bin noch nicht fertig.«

2. *Auf Unterbrechungen hinweisen* – Machen Sie darauf aufmerksam, wenn Sie häufig unterbrochen werden: »Es ist nun schon das vierte Mal, dass Sie mich unterbrechen. Lassen Sie mich (bitte) ausreden!«

3. *Auf Antworten bestehen*
   »Ich möchte, dass Sie meine Frage beantworten.«
   »Ich erwarte eine Reaktion auf das, was ich gesagt habe.«

4. *Das eigene Thema nicht untergehen lassen* – »Wir haben meinen Vorschlag noch nicht zu Ende diskutiert. Ich möchte, dass auf meine Anregung eingegangen wird, die Verhandlungskommission künftig paritätisch zu besetzen.«

5. *Für eine gleiche Gesprächsebene sorgen* – Männer starten oft einen Versuchsballon, um herauszufinden, ob sie eine Frau ernst nehmen müssen. Sie versuchen, auf der Beziehungs-

ebene zu signalisieren, dass sie sich Vorrechte herausnehmen können. Ein Mittel zu diesem Zweck sind bestimmte Fragen, zum Beispiel: »Sie sind doch wohl nicht prüde?« Wenn Sie den Eindruck haben, mit dieser Frage will der Sprecher Sie verunsichern oder zum Ausdruck bringen, dass er das Recht hat, von Ihnen eine Auskunft zu verlangen, geben Sie die Frage zurück:

- »Was verstehen Sie unter prüde?«
- »Warum interessiert Sie das?«
- »Welcher Zusammenhang besteht zwischen unserem Thema und Ihrer Frage?«

Machen Sie deutlich, dass Sie nur auf gleicher Ebene kommunizieren, dass Sie sich weder verunsichern noch abwerten oder ausfragen lassen.

6. *Männer nicht in Watte packen* – Schwächen Sie Ihre Kritik nicht ab, wenn Sie die Meinung oder das Verhalten eines Mannes kritisieren. Kritisieren Sie nicht indirekt, verbinden Sie die Kritik nicht mit Komplimenten, beziehen Sie sich nicht in die Kritik ein. Sagen Sie zum Beispiel nicht: »Sind Sie nicht auch einer der erfolgreichen Männer, die von der Arbeitsteilung zwischen den Geschlechtern profitieren?« (Frage und Kompliment). Kritisieren Sie vielmehr: »Sie profitieren von der Arbeitsteilung zwischen den Geschlechtern.« Vermeiden Sie Formulierungen wie: »Unserer Auseinandersetzung hat jegliches Niveau gefehlt« (Einbeziehung der eigenen Person). Kritisieren Sie eindeutig: »Ihnen fehlt die Sachkenntnis.«.

7. *Vermeiden Sie Verniedlichungen und Beschönigungen* – Tässchen, Häppchen, Stündchen, Bettchen, Kätzchen, kabbeln (statt streiten), laut werden (statt schreien).

8. *Männer nicht von der Gesprächsarbeit entlasten* – Frauen ver-

wenden in Gesprächsrunden viel Energie darauf, ein angenehmes Klima, eine gute Atmosphäre herzustellen, sich um einen reibungslosen Gesprächsablauf zu kümmern. Sie sorgen für Harmonie in der Gruppe und den Ausgleich von Konflikten. Entlasten Sie die Männer nicht von dieser Gesprächsarbeit. Fordern Sie sie auf, sich an dieser Arbeit zu beteiligen. Arbeiten Sie nicht für Männer mit, wenn diese keine Bereitschaft zeigen, Verantwortung für ein gutes Gesprächsklima zu übernehmen.

9. *Andere Frauen nicht unterbrechen, andere Frauen unterstützen.*

10. *Nicht immer mitlachen* – Es gibt noch immer Männer, die gerne Witze erzählen, in denen Frauen abgewertet und schlecht gemacht, für dumm erklärt oder als sexuelle Lustobjekte dargestellt werden. Das ist mehr als nur unhöflich oder peinlich. Es geht dabei um Überordnung und Unterordnung, um die Demonstration von Macht: Wer darf über wen herziehen, wer darf auf wessen Kosten lachen? Lachen Frauen bei solchen Witzen mit, lachen sie auf eigene Kosten – und nehmen die Bedürfnisse der Männer nach Selbstdarstellung, nach Applaus usw. wichtiger als das eigene Interesse an Würde. Ein Witz über Frauen wird erst zum Witz, wenn Frauen mitlachen.

Verderben Sie denen, die solche Witze erzählen, den Spaß. Verweigern Sie falsche Gemeinsamkeit, den »Kumpel«-Status, lachen Sie nicht mit. Sie werden dann in manchen Augen als humorlos oder prüde gelten. Doch ist das Urteil derer, die solche Witze erzählen, wirklich wichtig? Sagen Sie diesen Witzbolden, dass Sie solche Witze nicht komisch finden, sondern frauenverachtend. Sie können auch den Witz gleich noch einmal mit vertauschten Rollen erzählen. – Und: Überlassen Sie den Humor nicht den Männern.

Fordern und ablehnen

Wir kommen noch einmal auf die persönlichen Rechte zurück, von denen bereits im zweiten Kapitel die Rede war. Sie haben das Recht,
- zu verlangen, was Sie möchten,
- zu fordern, was Ihnen zusteht,
- Ihre Schwerpunkte und Prioritäten zu setzen,
- »nein« zu sagen.

Wie Sie diese Rechte durchsetzen können, ist Thema dieses Kapitels: Wie äußere ich selbstsicher meine Wünsche? Wie formuliere ich selbstbewusst meine Forderungen? Wie vertrete ich unmissverständlich meine Entscheidung? Wie sage ich klar und deutlich »nein«, wenn ich »nein« sagen will?

»Nein« sagen

Anne ist Fahrlehrerin. Ihre Arbeit macht ihr Spaß. Sie hat allerdings keinen geregelten Feierabend, und an drei bis vier Tagen in der Woche muss sie mehr als acht Stunden arbeiten. Sie ist daher sehr darauf bedacht, sich ihre freie Zeit genussvoll einzurichten.

Es ist 19 Uhr vorbei. Anne kommt gerade aus dem Bad und möchte sich einen gemütlichen Abend machen, als Barbara anruft: »Guten Abend, Anne. Wir haben uns ja eine Ewigkeit nicht mehr gesprochen. Sag mal, hast du nicht Lust, heute abend mit Petra, Karin und mir Schafkopf zu spielen?«

✗ Antworten Sie für Anne!

Anne: »Heute nicht, Barbara. Ich bin müde und möchte mir im Fernsehen einen alten Film von Chabrol ansehen.«

Barbara: »Du kannst doch nicht immer nur in deinen vier Wänden hocken, Anne. Du musst mehr unter Menschen, ein bisschen Unterhaltung würde dir bestimmt gut tun!«

✗ Notieren Sie Ihre Antwort auf Barbaras letzte Aussage.

Anne: »Du meinst es sicher gut, aber ich habe zehn Stunden im Auto gesessen, und jetzt möchte ich einfach nur meine Ruhe haben.«

Barbara ist hartnäckig: »Ach komm doch, Anne. Wir brauchen eine vierte Person, um spielen zu können. Ohne dich fällt alles ins Wasser. Es war schon so schwer, einen gemeinsamen Termin zu finden, und alle haben sich so gefreut! Du bist unsere letzte Hoffnung!«

Anne schafft es nicht mehr, bei ihrem Nein zu bleiben: »Na schön, aber nicht so lange.«

✗ Wie hätten Sie auf Barbaras Drängen reagiert?

Unser Vorschlag: »Ich verstehe Euer Problem. Aber heute abend möchte ich nicht.«

KEINE ENTSCHULDIGUNGEN, KEINE RECHTFERTIGUNGEN
Anne hat in ihrem ersten Satz darauf hingewiesen, dass sie müde ist und sich einen Film ansehen will. Das genügt als Begründung. Es reicht im weiteren Gesprächsverlauf aus zu sagen, dass sie nicht kommen möchte. Als Empfehlung formu-

liert: Sagen Sie klar und bestimmt: »Ich möchte nicht«. Bleiben Sie, wenn Sie wirklich nicht wollen, bei diesem »Ich möchte nicht«; rechtfertigen oder entschuldigen Sie sich nicht, und machen Sie keine Kompromissangebote.

Ein deutliches »Ich möchte nicht« hilft Ihnen, bei Ihrem Nein zu bleiben. Wenn Sie Ihr klares »Ich möchte nicht« hören, machen Sie sich selbst Mut, zu Ihrer Entscheidung zu stehen. Mit einem unmissverständlichen »Ich möchte nicht« können Sie verhindern, dass Sie – entgegen Ihren Bedürfnissen – doch noch ja sagen. Schließlich sparen Sie viel psychische Energie, wenn Sie statt langer Erklärungen, Rechtfertigungen oder gar Entschuldigungen knapp und bestimmt »Ich möchte nicht« sagen. Wir nehmen zur Verdeutlichung noch einmal den Dialog Barbara – Anne auf:

Barbara: »Ach komm doch, Anne. Wir brauchen eine vierte Person, um spielen zu können. Ohne dich fällt alles ins Wasser. Es war schon so schwer, einen gemeinsamen Termin zu finden, und alle haben sich so gefreut! Du bist unsere letzte Hoffnung!«

Anne: »Ich verstehe Euer Problem. Aber heute abend möchte ich nicht.«

Barbara: »Sei kein Frosch, du kannst uns doch nicht den Abend verderben!«

Anne: »Das will ich nicht. Aber heute abend möchte ich nicht kommen.«

Barbara: »Na gut, aber Petra und Karin werden sehr enttäuscht sein.«

Anne: »Ich möchte die beiden gerne mal wieder sehen. Aber heute abend passt es mir nicht.«

Barbara: »O.K., dann mach dir einen ruhigen Abend.«

Anne: »Danke! Und grüß Petra und Karin von mir.«

MANIPULATION ABWEHREN

Anne kommt in ihren Antworten stets mit zwei Sätzen aus. Im ersten Satz reagiert sie auf das, was Barbara sagt. Der zweite Satz unterstreicht, dass sie den Abend so verbringen will, wie sie es möchte. Sie geht also nicht auf den Versuch ein, sie in die Pflicht zu nehmen (»Du bist unsere letzte Hoffnung«). Sie lässt auch den Versuch ins Leere laufen, Schuldgefühle zu wecken (»Du kannst uns doch nicht den Abend verderben«). Provokationen und Schmeicheleien sollten gleichfalls übergangen werden. Ein Beispiel:

»Monika, schreibst du heute das Protokoll?«

»Nein, ich möchte heute kein Protokoll schreiben.«

»Ach komm, das geht dir doch flott von der Hand« (schmeicheln).

»Das weiß ich, aber heute möchte ich kein Protokoll schreiben.«

»Du willst uns doch nicht hängen lassen« (in die Pflicht nehmen).

»Keineswegs, aber Protokoll schreibe ich heute nicht.«

»Du willst wohl an so einer Kleinigkeit zeigen, dass du emanzipiert bist« (provozieren).

»Das magst du so sehen.«

Vielleicht finden Sie das beharrliche »Ich schreibe heute kein Protokoll« übertrieben. Wenn Sie sich noch schwer tun mit dem Neinsagen, kann Ihnen diese Wiederholung helfen. Sie kann Ihnen eine sprachliche Stütze sein, bei Ihrer Entscheidung zu bleiben. Wenn es Ihnen mit der Zeit leicht fällt, selbstbewusst Ihre Prioritäten zu setzen, »nein« zu sagen, können Sie auf diese Stütze verzichten. Der vorangegangene Dialog liest sich dann so:

»Monika, schreibst du heute das Protokoll?«

»Nein, ich möchte heute kein Protokoll schreiben.«

»Ach komm, das geht dir doch flott von der Hand.«

»Das weiß ich.«

»Du willst uns doch nicht hängen lassen.«

»Keineswegs.«

»Du willst wohl an so einer Kleinigkeit zeigen, dass du emanzipiert bist!«

»Das magst du so sehen.«

KEINE AUSREDEN

Nicht sofort ja zu sagen ist ein wichtiger Schritt auf dem Weg, dann nein zu sagen, wenn Sie nein sagen wollen. Sie müssen sich nicht sofort entscheiden. Sie können nach mehr Informationen fragen oder sich Bedenkzeit einräumen. Sagen Sie nicht ja, bevor Sie nachgedacht, *Ihre* Wünsche und Bedürfnisse geprüft haben. Fragen Sie zum Beispiel:

- »Wie lange soll ich auf dein Baby aufpassen?«
- »Wofür möchtest du dir meinen Wagen leihen?«
- »Wann gibst du mir das Geld zurück?«
- »Was genau muss ich tun, wenn ich diese Funktion übernehme?«

Sagen Sie zum Beispiel:

- »Ich muss es mir *überlegen.*«
- »Ich möchte erst darüber *nachdenken.*«
- »Das möchte ich *nicht spontan entscheiden.*«

Auf dem Weg zum selbstsicheren Neinsagen werden Sie anfangs noch Skrupel begleiten, wenn Sie nein gesagt haben. Diese Skrupel kann Ihnen niemand abnehmen. Kraft für den weiteren Weg können Sie daraus beziehen, dass es Ihnen gelungen ist, ohne Ausreden klar und deutlich zu Ihren Bedürfnissen zu stehen und nein zu sagen. Machen Sie sich diesen Fortschritt bewusst.

Ausreden sind kein Erfolg versprechender Weg, mit der Schwierigkeit umzugehen, nein zu sagen. Ausreden werden häufig durchschaut – und gewöhnlich schlechter aufgenommen als ein klares Nein. Wer Ausreden gebraucht, ist meist mit sich selbst unzufrieden und hat ein schlechtes Gefühl. Außerdem führen Ausreden oft nicht zum Ziel. Ein Beispiel: Gisela fragt Doris, ob sie einer Freundin bei der Diplomarbeit helfen kann. Doris kann sehr gut Problem- und Fragestellungen analysieren und strukturieren, sie beherrscht souverän die wichtigsten Methoden und Techniken wissenschaftlichen Arbeitens. Doris ist durch ihre Arbeit sehr belastet und braucht ihre wenige Freizeit zur Erholung und Entspannung.

Gisela: »Doris, ich wollte dich fragen, ob du einer Freundin bei ihrer Diplomarbeit unter die Arme greifen kannst.«

Doris: »Worum geht es denn?«

Gisela: »Sie schreibt über Stadtplanung im Interesse von Frauen.«

Doris: »Auf diesem Gebiet kenne ich mich doch gar nicht aus.«

Gisela: »Das macht nichts. Sie hat inhaltlich keine Probleme mit dem Thema. Schwierigkeiten macht ihr die Frage, wie sie methodisch vorgehen soll. Und da kennst du dich ja gut aus.«

Doris: »Hm. Ja, aber ich hab kaum noch einen Abend frei.«

Gisela: »Meine Freundin ist flexibel, sie kann sich nach dir richten.«

Doris: »Also in den nächsten zwei Wochen ist überhaupt nichts drin.«

Gisela: »So eilig ist es auch nicht, in drei Wochen wäre völlig o.k.«

Doris: »Na gut, dann vielleicht kommenden Freitag in zwei Wochen.«

Gisela: »Prima! Meine Freundin wird sich freuen. Ich sag ihr, sie soll dich anrufen, um Ort und Zeit zu vereinbaren.«

Wenn Ihre Ausrede, wie in unserem Beispiel, nichts genutzt hat, wenn Sie sich überreden lassen, wenn Sie sich schließlich entgegen Ihren Bedürfnissen auf etwas einlassen – dann wird sich Ihr Ärger darüber ein Ventil suchen. Er wird sich gegen Sie richten oder gegen die Person, zu der Sie nicht nein gesagt haben. Häufiger noch haben beide unter diesem Ärger zu leiden. Sie machen, zum Beispiel, einen Ausflug mit, obwohl Sie lieber längst fällige Post erledigt und Ihren Schreibtisch aufgeräumt hätten. Die Folge: Sie genießen diesen Ausflug nicht. Anfangs gelingt es Ihnen noch, Ihre Missstimmung nicht nach außen zu tragen. Doch nach einiger Zeit macht sich Ihr Unmut, für die anderen unvermittelt und unverständlich, aus nichtigem Anlass Luft. Jetzt ist auch die Stimmung der anderen dahin. Sie haben sich keinen Gefallen getan und den anderen die Freude verdorben. *Ein ehrliches Nein beugt* solchen Situationen *vor.*

Schlimmer noch ist die Ausrede im letzten Moment: Anne hat Ihrer Freundin zugesagt, ihr am Wochenende beim Bohren und Dübeln zu helfen, obwohl sie etwas anderes vorhatte. Eine Stunde vor der Verabredung ruft Anne ihre Freundin an und sagt mit einer durchsichtigen Ausrede ab. Die Freundin, die sich einen Bohrer ausgeliehen, das erforderliche Material gekauft und einen Arbeitsimbiss vorbereitet hat, fühlt sich im Stich gelassen. Sie ist enttäuscht oder wütend. Ausreden schaden jeder Beziehung. Eine Grundlage guter Beziehungen ist die Sicherheit, sich darauf verlassen zu können, dass jemand sagt, was sie oder er meint, dass ein Ja ein Ja bedeutet und ein Nein ein Nein.

WARUM SIE NEIN SAGEN SOLLEN UND KÖNNEN

- Sie können es nicht allen recht machen.
- Wenn Sie sich stets nach den Wünschen anderer richten, geben Sie sich auf.
- Wenn Sie sich nur um die anderen kümmern, vernachlässigen Sie sich selbst.
- Wenn Sie nein sagen, lehnen Sie eine Bitte oder Forderung ab; Sie weisen nicht die Person zurück.
- Nein sagen heißt nicht, andere zu verletzen oder zurückzuweisen, sondern die eigenen Bedürfnisse geltend zu machen.

EIN NEIN MUSS NICHT IMMER ERKLÄRT WERDEN

Wenn Sie sich aus guten Gründen für ein Nein entschieden haben, besteht keine Notwendigkeit, Ihr Nein immer zu erklären. Sie haben sich Ihre Entscheidung reiflich überlegt, und Sie entscheiden, ob Sie diese Überlegungen mitteilen oder nicht. Selbstverständlich werden Sie Kindern nicht ohne Erläuterung eine Bitte abschlagen. Das wäre kein Ausdruck von Selbstsicherheit, sondern Machtausübung. Sicher werden Sie Ihrer Freundin, Ihrem Freund oder Mann erklären, warum Sie einer Bitte oder Aufforderung nicht nachkommen. Sie müssen jedoch nicht begründen, warum Sie nein sagen, wenn in einer Schlange vor der Supermarktkasse Sie der Mann hinter Ihnen fragt, ob Sie ihn vorlassen, weil er es eilig hat. Erklären Sie Ihr Nein, wenn *Sie* es für richtig halten. Ein Beispiel: Susanne ist

Mitglied einer BürgerInnen-Initiative. Sie arbeitet kontinuierlich mit und beteiligt sich regelmäßig an allen Aktivitäten. Am Ende einer Sitzung wird sie von Bernd gefragt, ob sie am kommenden Samstag Flugblätter verteilt.

Susanne: »Am Samstag habe ich schon etwas vor.«

Bernd: »Musst du arbeiten?«

Susanne: »Nein.«

Bernd: »Was hast du denn dann so Wichtiges vor.«

Susanne: »Eine private Verabredung.«

Bernd: »Ist die denn so dringend?«

Susanne: »Ja.«

Bernd: »Kannst du die Verabredung nicht verschieben? Du weißt, wir sind ohnehin zu wenig Leute am Samstag.«

Susanne: »Das weiß ich. Aber ich will die Verabredung nicht verschieben.«

Bernd: »Kannst du dir wirklich keinen Ruck geben und doch kommen, wenigstens für eine Stunde?«

Susanne: »Nein.«

Bernd: »Hast du wenigstens einen Vorschlag, wie wir am Samstag genügend Flugblätter verteilen können?«

Susanne: »Auf Anhieb fällt mir nichts ein.«

Bernd: »Dann müssen halt alle eine Stunde länger Flugblätter verteilen.«

Susanne: »Das könnte eine Lösung sein.«

Sie sind die oberste Richterin über Ihre Entscheidungen. Es ist nicht in allen Situationen erforderlich, dass Sie Ihr Verhalten anderen Menschen erklären, damit diese darüber befinden können, ob es richtig ist oder nicht. *Sie entscheiden, wann Sie Erklärungen für notwendig halten und wann nicht.*

Zu Schwächen stehen

Wir haben weiter oben von »guten Gründen« für ein Nein gesprochen. Haben wir immer *gute* Gründe? Die Antwort auf diese Frage hängt davon ab, was wir unter »gut« verstehen. Ist ein »guter« Grund nur dann gegeben, wenn ich für mein Nein plausible Argumente habe? (»Ich kann Dir bei der Party-Vorbereitung nicht helfen, weil meine Jüngste krank ist.«) Was ist mit Gefühlen, Befindlichkeiten, Schwächen, die wir selbst nicht recht erklären können? Ein Beispiel aus unseren Kursen: Ingrid möchte ihr Auto nicht mehr verleihen. Sie hat noch nie schlechte Erfahrungen mit dem Verleihen gemacht. Sie bekam ihr Auto stets ohne Kratzer oder Beulen zurück. Die Benzinkosten wurden ihr immer sofort erstattet. Aber Ingrid fühlt sich nicht wohl, wenn sie ihr Auto jemandem geborgt hat. Sie ist unruhig und kann sich nicht dagegen wehren, dass sie sich Sorgen macht. Zu Ausreden will sie nicht greifen. Zumal sie befürchten muss, ertappt zu werden, zum Beispiel wenn sie ihrer Kollegin sagt, sie bräuchte das Auto selbst, und die Kollegin sieht es dann vor Ingrids Tür stehen. Wir haben Ingrid geraten, ihre »Schwäche« offen auszusprechen, wenn das nächste Mal eine Freundin oder ein Freund sich ihren Wagen leihen will.

Robert: »Ingrid, kannst du mir am Samstag dein Auto leihen?«

Ingrid: »Ich brauche den Wagen am Samstag zwar nicht, ich möchte ihn dir aber trotzdem nicht geben.«

Robert: »Aber warum denn? Es ist doch noch nie etwas passiert. Du weißt doch, dass ich sehr vorsichtig fahre!«

Ingrid: »Ja, das weiß ich. Es hat auch nichts mit dir zu tun. Aber ich mache mir jedes Mal Sorgen, wenn ich den Wagen verliehen habe. Und das will ich mir einfach nicht mehr zumuten.«

Robert: »Ich garantiere dir, dass du deinen Wagen heil zurück-
bekommst. Und wenn wirklich etwas passieren sollte, komme ich für alle Schäden auf, und du brauchst dich um nichts
zu kümmern.«

Ingrid: »Das glaube ich dir, Robert. Aber ich kann meine Sorgen
nun mal nicht aus der Welt schaffen.«

Robert: »Das ist aber nun wirklich kein sehr rationales Verhalten.«

Ingrid: »Da magst du recht haben.«

Ob ein Grund ein »guter« Grund ist, hängt also davon ab, wie
wichtig wir unsere Gefühle und Befindlichkeiten nehmen. In
unserem Beispiel macht sich Ingrid Sorgen, wenn sie ihr Auto
verliehen hat. In der Zeit, in der ihr Wagen in fremden Händen ist, fühlt sie sich nicht wohl. Das eigene Wohlbefinden ist
ein guter Grund, nein zu sagen – auch wenn es keinen ratio-
nalen Grund für die Sorgen gibt. Man mag das »Macke«, frau
mag das »Schwäche« nennen. Wir plädieren dafür, zu diesen
»Schwächen« zu stehen. Entscheiden *Sie*, ob und wann Sie etwas gegen diese »Schwäche« unternehmen wollen. Entscheiden *Sie*, ob und wann Sie zum Beispiel Sorgen in Kauf nehmen
oder eine Bitte ablehnen.

Hilfestellungen geben

Vielen Frauen fällt es schwer, nein zu sagen, weil sie meinen,
andere Menschen würden das Nein als Ablehnung der gesamten Person aufnehmen. Sie sagen deshalb oft und entgegen
ihren Bedürfnissen ja. Oder sie verbinden ihr Nein mit vielen
Entschuldigungen. Hier hilft die Einsicht weiter, dass einen
Wunsch oder eine Forderung ablehnen nicht bedeutet, die Person zurückzuweisen, die diesen Wunsch oder die Forderung

ausspricht. Diese Einsicht können wir bei anderen nicht immer voraussetzen. Wenn Sie den Eindruck haben, Ihr Gegenüber nimmt Ihr Nein als persönliche Ablehnung auf, können Sie ihr oder ihm helfen, das Nein anzunehmen. Machen Sie guten FreundInnen deutlich, dass sich Ihr Nein auf ein *konkretes Anliegen*, nicht auf die *Person* bezieht. Ein Beispiel: Elke und Birgit führen gemeinsam Selbstsicherheits-Kurse durch. Elke erzählt ihrer Freundin Monika, einer Psychologin, dass Birgit krank geworden ist und der nächste Kurs deshalb wahrscheinlich ausfallen muss. Monika, die Gesprächskreise an der Volkshochschule leitet, bietet Elke an, für Birgit einzuspringen.

Elke: »Ich danke dir für das Angebot. Ich möchte es aber nicht annehmen.«

Monika: »Aber warum denn nicht?«

Elke: »Aus zwei Gründen: Birgit und ich sind ein eingespieltes Team. Wir beide haben noch keinen Kurs zusammen gemacht. Wichtiger noch ist, dass ich ein anderes Verständnis von Selbstsicherheits-Trainings habe als du.«

Monika: »Okay, okay. Ich hätte vielleicht den Vorschlag gar nicht erst machen sollen.«

Elke: »Ich habe mich über dein Angebot gefreut. Kränkt dich meine Ablehnung?«

Monika: »Ja, schon. Ich habe den Eindruck, du hast nicht viel Vertrauen in mich und meine Arbeit.«

Elke: »Das ist nicht der Grund für mein Nein. Ich finde gut, was du machst und wie du es machst. Ich bin ja auch deshalb gerne mit dir zusammen, weil mich deine Arbeit und deine Arbeitsweise interessieren. Ich möchte dein Angebot nicht annehmen, weil wir ein unterschiedliches Verständnis von Selbstsicherheits-Trainings haben.«

Monika: »So kann ich das annehmen.«

»Nein« sagen

Sagen Sie nein, wenn Sie nein sagen wollen. Und:
- vermeiden Sie Ausreden,
- entschuldigen Sie sich nicht für Ihr Nein,
- rechtfertigen Sie Ihr Nein nicht,
- lassen Sie sich nicht in die Pflicht nehmen,
- überhören Sie Provokationen und Schmeicheleien
- lassen Sie sich keine Schuldgefühle einreden,
- räumen Sie Schwächen ein,
- geben Sie Hilfen, Ihr Nein anzunehmen.

ÜBUNGS-VORSCHLAG

Aller Anfang ist schwer. Ein Übungsfeld sind Situationen, in denen es Ihnen zwar nicht schwer fällt, etwas abzulehnen, in denen Sie aber unzufrieden sind, *wie* sie abgelehnt haben. Eine solche Situation ist zum Beispiel ein Vertreterbesuch. Sie wissen genau, dass Sie nichts kaufen, keine Zeitschrift abonnieren werden. Der Vertreter ist hartnäckig. Eine geraume Zeit lassen Sie sich auf seine Argumente ein. Dann fallen Ihnen keine Gegenargumente mehr ein, und Sie machen die Tür zu. Bei Ihrem Nein sind Sie geblieben. Aber Sie sind unzufrieden, weil Sie den Vertreter nicht souverän abgewiesen haben. Probieren Sie einmal, beim nächsten Vertreterbesuch so zu reagieren, dass der Vertreter aufgibt. Ein Beispiel:

Vertreter: »Guten Tag, gnädige Frau. Meine Name ist Schneider. Ich möchte Ihnen einmal das neue Familienlexikon aus dem Müller-Verlag vorstellen.«

Sie: »Ich bin nicht interessiert.«

Vertreter: »Aber brauchen Sie denn kein zuverlässiges Nachschlagewerk!?«

Sie: »Doch. Aber ich bin an Ihrem Lexikon nicht interessiert.«

Vertreter: »Eine Nachbarin hat mir erzählt, dass Sie zwei schulpflichtige Kinder haben. Sie sind als gute Mutter doch sicher daran interessiert, dass Ihre Kinder alles haben, was sie für den Erfolg in der Schule brauchen.«

Sie: »Allerdings. An dem Lexikon bin ich jedoch nicht interessiert.«

Vertreter: »Es ist das einzige Lexikon im deutschsprachigen Raum, das auf dem aktuellsten Stand der wissenschaftlichen Forschung ist.«

Sie: »Das ist ja schön. Ich möchte es aber nicht.«

Vertreter: »Über die finanzielle Seite brauchen Sie sich keine Sorgen zu machen. Wir bieten günstige Zahlungsbedingungen.«

Sie: »Aha. Ich bin nicht interessiert.«

Vertreter: »In Ihrem Haus haben fast alle unser neues Lexikon gekauft. Sie wollen doch sicher nicht abseits stehen.«

Sie: »Da haben Sie ja ein gutes Geschäft gemacht. Ich möchte Ihr Lexikon nicht kaufen.«

Vertreter: »Ihr Mann würde da bestimmt anders denken.«

Sie: »Wenn Sie meinen. Ich bin nicht interessiert.«

Vertreter (packt seine Bücher ein): »Zum Glück sind die anderen Menschen nicht so wie Sie.«

Sie: »Wie Sie meinen.«

Wünschen und fordern

Zwei Vorstellungen hindern viele Frauen daran, ihre Wünsche und Forderungen klar und deutlich zu äußern:

1. Angst vor Ablehnung,
2. die Meinung, es sei ungehörig, von anderen etwas zu verlangen, und es würde die anderen in eine peinliche Situation bringen, es wäre eine Zumutung für sie.

Wir meinen: Wenn Sie selbstbewusst nein sagen, wenn Sie dies für richtig halten, wenn Sie für sich selbstbewusst das Recht in Anspruch nehmen, Ihre eigenen Prioritäten zu setzen – dann werden Sie auch selbst mit einem Nein umgehen können und es nicht als Ablehnung Ihrer Person auffassen. Sie werden auch anderen das Recht einräumen, nein zu sagen, denn auch die anderen sind selbst dafür verantwortlich, ob sie ja oder nein sagen. Mit anderen Worten: Zerbrechen Sie sich nicht den Kopf der anderen. Sie erklären sie damit faktisch für unmündig, für unfähig, selbst zu entscheiden. Richten Sie Ihre Bemühungen vielmehr darauf, Ihre eigenen Wünsche und Forderungen klar und deutlich zu formulieren. Das ist ein Ausdruck von Selbstsicherheit und trägt dazu bei, Manipulationen zu vermeiden (schmeicheln, in die Pflicht nehmen usw.).

INDIREKTE AUFFORDERUNGEN
Eine beliebte Form der Manipulation ist es, Wünsche und Forderungen hinter Feststellungen zu verbergen:

- »Du zündest dir ja schon wieder eine Zigarette an!« statt: »Ich möchte, dass du die Zigarette ausmachst.«
- »Man sollte mal wieder die Küche renovieren!« statt: »Ich möchte, dass du mir hilfst, die Küche zu renovieren.«

In die gleiche Richtung gehen Klagen, die sich scheinbar an niemanden richten:

- »Bei dem vielen Geschirr muss ich bestimmt wieder zwei Stunden in der Küche stehen!« statt: »Ich möchte, dass du mir beim Abwasch hilfst.«
- »Ich würde mir gerne auch mal die Talkshow in aller Ruhe ansehen!« statt: »Ich möchte, dass du im Haushalt mit anpackst, damit ich Zeit und Ruhe habe fernzusehen.«

- »Keinen Sonntag komme ich zur Ruhe!« statt: »Ich möchte, dass du am Wochenende die Hälfte der Hausarbeit übernimmst.«

Was wird passieren, wenn Sie Ihre Wünsche so verstecken? Entweder Ihr Gegenüber hört sie heraus und ist verstimmt, weil Sie Ihre Aufforderung in einer Feststellung verpacken: »So fühlt man Absicht, und man ist verstimmt«. (Goethe, Torquato Tasso). Oder aber der oder die Angesprochene überhört die versteckte Aufforderung. Dann sind Sie verärgert, dass er oder sie auf Ihr Anliegen nicht reagiert.

Eine versteckte Aufforderung kann es auch sein, genau das Gegenteil von dem zu sagen, was frau will:

- »Teil dir deine Zeit ruhig so ein, wie du es für richtig hältst!« statt: »Ich wünsche mir, dass du mehr Zeit mit mir verbringst.«
- »Nimm auf mich bitte keine Rücksicht!« statt: »Nimm bitte auf meine Wünsche mehr Rücksicht.«
- »Mir ist wirklich egal, ob du am Wochenende arbeitest oder nicht!« statt: »Ich möchte gerne das Wochenende mit dir verbringen.«

Der Effekt ist wieder der gleiche: Entweder »fühlt man Absicht, und man ist verstimmt«. Oder die so Angesprochenen nehmen die Aussage für bare Münze, und die Sprecherin ist gekränkt oder traurig, weil ihr Wunsch nicht herausgehört wurde.

Wünsche und Forderungen werden auch deshalb indirekt formuliert, um den Partner oder die Partnerin zu testen. »Geprüft« wird: Bin ich ihr oder ihm so wichtig, dass sie oder er meine Wünsche auch dann »hört«, wenn ich sie nicht deutlich ausspreche. »Hört« der Partner oder die Partnerin den Wunsch nicht, wird dies nicht selten unter »er/sie liebt/mag mich nicht (mehr)« verbucht. Frau macht es sich und anderen entschieden einfacher, wenn sie ihre Wünsche und Forderungen unmissverständlich ausdrückt.

Es spricht demnach vieles dafür, Wünsche und Forderungen deutlich zu äußern. Bevor Sie das tun, sollten Sie sich klarmachen, welcher Art Ihr Wunsch oder Ihre Forderung ist.

Möchten Sie eine Gehaltserhöhung? Wollen Sie, dass während der Besprechung nicht geraucht wird? Möchten Sie, dass sich ihre Freundin mehr Zeit für Sie nimmt? Oder wollen Sie in der Initiative, in der Sie mitarbeiten, eine Änderung durchsetzen? Das sind Wünsche und Forderungen unterschiedlicher Art. Die Forderung nach einer Gehaltserhöhung oder einer Veränderung in Ihrer BürgerInnen-Initiative müssen mit Sachargumenten begründet werden. Sachargumente sind fehl am Platz, wenn ein Gefühl der Grund für Ihren Wunsch ist, zum Beispiel für den, dass sich Ihre Freundin mehr Zeit für Sie nimmt. Es macht wenig Sinn, eine Gehaltserhöhung mit dem Ärger über ein zu geringes Gehalt zu begründen. Es ist dagegen sehr wohl sinnvoll, der Freundin oder dem Freund zu sagen, dass Sie sehr *glücklich* darüber wären und sich sehr *freuen* würden, wenn sie oder er mehr Zeit mit Ihnen verbringen würde.

Gefühle sind gute Gründe

Wenn Sie sich über etwas freuen oder ärgern, wenn etwas Sie glücklich oder traurig macht – dann sind das gute Gründe, einen Wunsch oder eine Forderung anzumelden. Unsere Gefühle sind keine zu vernachlässigenden Begleiterscheinungen unseres Lebens, in dem angeblich nur die »harten Fakten« zählen. Gefühle spiegeln unsere Lebenssituation. Sie haben die Funktion, unser Denken anzustoßen und ihm eine Richtung zu geben: Warum habe ich in dieser Situation Angst? Was ärgert mich an diesem Verhalten? Wie müsste diese Situation aussehen, damit ich mit Zuversicht Neues ausprobieren könnte? Wenn Ihr Denken zu einem Ergebnis gekommen ist, was für Sie gut und wichtig ist, dann ist auch Grund genug gegeben, dies als Wunsch oder Forderung zu vertreten – und Ihr Gefühl als Argument in den Mittelpunkt zu stellen.

Wie Forderungen, die mit einem Gefühl begründet sind, selbstsicher formuliert werden können, haben wir bereits im Kapitel über »Kritik« gezeigt (vgl. Seite 35):

1. Situation beschreiben: »Du kommst zum dritten Mal in dieser Woche zu spät.«
2. Gefühl ausdrücken: »Das ärgert mich, weil mir meine Zeit kostbar ist.«
3. Gewünschtes Verhalten präzisieren: »Ich möchte, dass du künftig pünktlich bist.«

Dieser »Dreischritt« bietet sich auch für das selbstsichere Formulieren von Wünschen an. Erstes Beispiel:

1. »Ich fahre am Wochenende an den Bodensee.«
2. »Es würde mir große Freude machen, die zwei Tage mit dir zusammen zu verbringen.«
3. »Ich wünsche mir deshalb, dass du mitkommst.«

Zweites Beispiel:

1. »Gerda, du hast dich drei Monate nicht mehr bei mir gemeldet.«
2. »Darüber bin ich traurig, und ich mache mir Sorgen, dass du keinen Wert mehr auf meine Freundschaft legst.«
3. »Ich wünsche mir, dass du dir wieder mehr Zeit für mich nimmst.«

Vielleicht erscheinen Ihnen einige Formulierungen zu »geschraubt« oder »gestelzt«. Legen Sie bitte die einzelnen Worte nicht auf die Goldwaage. Worum es uns geht, ist das Prinzip dieser Formulierungen. Sie sind selbstsicher, weil sie

- Du-Botschaften vermeiden (vgl. Seite 27),
- das Gefühl offen aussprechen,
- den Wunsch klar benennen und
- keine Rückzugsmöglichkeiten für sich selbst offenhalten.

Wenig Selbstbewusstsein klingt dagegen in folgenden Formulierungen an: »Ich fahre am Wochenende an den Bodensee. Hast du nicht Lust mitzukommen?« Der Wunsch wird zur Frage. Der Grund des Wunsches, das Gefühl, wird nicht genannt.

»Ich fahre am Wochenende an den Bodensee. Glaubst du nicht auch, dass es dir guttun würde, einmal aus der Stadt rauszukommen? Du solltest dir einmal überlegen, ob du nicht mitkommen willst.« Statt einen Wunsch zu äußern, wird versucht, die oder den anderen in die Pflicht zu nehmen.

Den Effekt einer solchen indirekten Redeweise haben wir schon auf Seite 117f. beschrieben. Ein weiteres Problem kommt hinzu: Die Intention eines Wunsches kann sich unter der Hand verändern, wenn versucht wird, das Gefühl zu verstecken. Wir machen in unseren Kursen immer wieder folgende Erfahrung: Die Unsicherheit, ob frau (wie im zweiten Beispiel) sagen soll, dass sie traurig ist, führt zu Formulierungen, die leicht als Vorwurf aufgefasst werden können: »Gerda, du meldest dich ja überhaupt nicht mehr! Was ist denn los? Du hast wohl kein Interesse mehr an mir!?«

Wenn dem Gefühl keine bewusste Beachtung geschenkt und es nicht deutlich ausgesprochen wird, kann das sogar dazu führen, dass sich die ursprüngliche Absicht völlig umkehrt.

Aus dem Wunsch wird eine Drohung: »Gerda, du meldest dich ja überhaupt nicht mehr! Was ist denn los? Du hast wohl kein Interesse mehr an mir!? Glaub bloß nicht, dass ich dir hinterherlaufe!«

Es ist also nicht nur ein Zeichen von Selbstsicherheit, deutlich einen Wunsch zu äußern und das Gefühl zu benennen, das dem Wunsch zu Grunde liegt; es ist auch erfolgreicher. Wir formulieren daher etwas pathetisch in Anlehnung an Kant: *Habe Mut, dich zu deinen Wünschen und Gefühlen zu bekennen!*

Lassen Sie sich, wenn Sie Ihren Wunsch unmissverständlich zum Ausdruck gebracht haben, nicht von anderen umstimmen – bleiben Sie hartnäckig. Die Beharrlichkeit beim Nein sagen läßt sich auch auf die Durchsetzung eigener Wünsche übertragen.

Wir greifen als Beispiel auf ein Thema zurück, das in unseren Kursen vor allem junge Frauen sehr beschäftigt: Besuche bei den Eltern.

Die Situation: Claudia will Weihnachten mit ihren Freundinnen und Freunden in Berlin verbringen. Seit sie in dieser Stadt lebt, ist sie an Weihnachten immer zu ihren Eltern nach Euskirchen gefahren. Sie hat lange mit sich um die Entscheidung gerungen, diesmal in Berlin zu bleiben. Zumal sie sicher ist, dass sie bei ihren Eltern nicht auf Verständnis stoßen wird, weil sie weder verheiratet ist noch Kinder hat. Sie steht zu ihrem Entschluss und ruft bei ihren Eltern an. Es ist wenige Wochen vor Weihnachten:

»Tag, Mutti.«

»Tag, Claudia. Schön, dass du dich meldest. Wir haben auf deinen Anruf gewartet. Wir wollten nämlich wissen, wann du kommst.«

»Deshalb ruf ich an, Mutti. Ich habe mich entschlossen, dieses Weihnachten mit Freunden in Berlin zu feiern.«

»Das kannst du doch unmöglich machen, Weihnachten alleine verbringen!«

»Doch, Mutti. Ich möchte Weihnachten in Berlin verbringen.«

»Aber wir haben uns doch schon so gefreut auf dich.«

»Das glaube ich. Aber dieses Jahr möchte ich hier bleiben.«

»Ohne dich ist es für deinen Vater und mich kein richtiges Weihnachten. Ich habe immer gedacht, du bist gerne bei uns, Claudia.«

»Ich besuche euch auch gerne. Doch dieses Weihnachten möchte ich mit Freunden verbringen.«

»Ich weiß nicht, ob dein Vater dafür Verständnis hat. Bestimmt ärgert er sich.«

»Ich will ihm und dir nicht wehtun, doch diesmal möchte ich an Weihnachten in Berlin bleiben.«

»Ich verstehe dich zwar nicht, aber du wirst schon wissen, was für dich richtig ist. Immerhin bist du ja eine erwachsene Frau.«

»Schön, dass du das sagst, Mutti. Grüß bitte Vati von mir, und sag ihm, dass ich am 24. anrufe.«

Sachliche Gründe

Wenn es darum geht, Forderungen selbstsicher auszusprechen, die mit Sachargumenten begründet sind, sind unsere Hinweise zum strukturierten Argumentieren nützlich (siehe Seite 55). Besonders wichtig ist der Ziel- oder Zwecksatz. Die erste Überlegung sollte der Frage gelten, *was will ich, wie lautet meine Forderung?* Die Forderung muss auch wirklich als Forderung formuliert werden. Das klingt selbstverständlich, ist es aber in der Praxis nicht. Häufig werden aus Forderungen Fragen, Glaubensbekenntnisse oder unverbindliche Appelle:

- »Könntest du mir nicht helfen…?«
- »Wärst du bereit…?«
- »Kannst du dir vorstellen…?
- »Ich glaube, das rechtfertigt…«
- »Deshalb glaube ich…«
- »Überlege dir doch mal, ob du…«
- »Denken Sie einmal darüber nach, ob Sie…«

Eine Forderung ist als eine Forderung zu erkennen, wenn deutlich wird, wer was von wem möchte:

- »Ich möchte daher, dass Sie…«
- »Deshalb bestehe ich darauf, dass du…«

Die nächste Überlegung richtet sich auf die Frage: Welche Argumente begründen meine Forderung? Sie sollten prüfen:

1. Steht jedes Argument auch wirklich in einem Zusammenhang mit der Forderung? Ein gutes Argument für die Forderung X kann unpassend für die Forderung Y sein.
2. Sind meine Argumente situationsangemessen? Es mag für Sie ein guter Grund sein, deshalb eine Arbeitsstelle anzunehmen, weil der Arbeitsort nur fünf Minuten von Ihrer Wohnung entfernt ist. Für den Arbeitgeber ist das kein Argument, um sich für Sie zu entscheiden. Im Gegenteil! Wenn Sie den Eindruck vermitteln, Sie seien vor allem deshalb an der Stelle interessiert, weil Sie es dann nicht weit haben, wird die Entscheidung gegen Sie fallen. Anders sieht es aus, wenn ein Supermarkt eine Kraft sucht, die bei Bedarf einspringt. In diesem (unsozialen) Falle ist ein kurzer Weg ein Argument.

Wünschen und fordern

Die letzte Überlegung gilt dem Gesprächseinstieg, der Herstellung einer Gesprächsgrundlage. Es macht wenig Sinn, eine Forderung zu stellen, wenn die oder der GesprächspartnerIn gerade den Raum verlässt oder aus anderen Gründen nicht aufnahmefähig ist.

Mit diesen drei Schritten ist der Denkplan abgeschlossen. Wir haben im Abschnitt »Strukturiertes Argumentieren« zwischen Denkplan und Redeverlauf unterschieden. Die Unterscheidung ist auch für die Durchsetzung von Forderungen wichtig. Allerdings ist zunächst zu überlegen:

- Wen spreche ich mit meiner Forderung an, und welche Reaktionen kann ich erwarten?
- Werden meine Argumente angehört?
- Oder muss ich mir erst die Möglichkeit verschaffen, meine Forderungen begründen zu können?

Für den günstigen Fall, den wir bei Freundinnen und Freunden, Bekannten und Familienmitgliedern unterstellen können, kann nach dem Gesprächseinstieg als erstes die Forderung genannt werden, an die sich dann die Begründung anschließt. Der Redeverlauf ist dann im Wesentlichen identisch mit dem Denkplan. Müssen wir uns erst die Möglichkeit schaffen, um Argumente für eine Forderung anführen zu können, sollte zwischen Denkplan und Redeverlauf strikt unterschieden werden. Ein Beispiel finden Sie auf der nächsten Seite.

Wenn Sie mit der Tür ins Haus fallen (»ich komme wegen einer Gehaltserhöhung«), müssen Sie damit rechnen, dass die Chefin oder der Abteilungsleiter sofort Gegenargumente bringt, und es erheblich schwerer wird, Argumente für eine Gehaltserhöhung anzuführen.

DENKPLAN	ARGUMENTATION	REDEVERLAUF
3. Einstieg	Guten Tag, Herr Pflügler. Haben Sie einen Moment Zeit für mich?	1. Einstieg
2. Argumente	1. Wie sie wissen, habe ich vor einem halben Jahr einen zusätzlichen Aufgabenbereich übernommen.	2. Argumente
	2. In der gleichen Zeit trat meine Assistentin ihren Erziehungsurlaub an.	
	3. Trotz dieser Mehrbelastung habe ich in der Firma ein neues EDV-System eingeführt.	
1. Zwecksatz	Aus diesen Gründen möchte ich eine Gehaltserhöhung.	3. Zwecksatz

Unser Beispiel hat noch eine weitere Besonderheit: Die Forderung nach einer Gehaltserhöhung kommt mit fünf Sätzen aus:

1. Satz: Gesprächsgrundlage herstellen
2. Satz: Argument 1
3. Satz: Argument 2
4. Satz: Argument 3
5. Satz: Forderung

Für die Beschränkung auf fünf Sätze sprechen drei Überlegungen:

1. In der Regel haben wir nicht mehr als drei *gewichtige* Argumente für eine Forderung. Die Konzentration auf drei ist eine zusätzliche Sicherung, die eine schlüssige und stichhaltige Argumentation gewährleisten soll.

2. Mit fünf Sätzen überfordern wir die Aufnahmekapazität unseres Gegenübers nicht.

3. Dieser Redeaufbau hilft, eine entscheidende Schwäche bei der Durchsetzung von Forderungen zu vermeiden: abschwächende Nachträge. Wir beobachten immer wieder, dass Frauen, nachdem sie bestimmt ihre Forderung genannt haben, über ihre Courage erschrecken und Abschwächungen hinzufügen. Meist sind das unwichtige Argumente. Dem Gegenüber wird damit ein günstiger Ansatzpunkt geliefert, nicht auf die zentralen Argumente einzugehen, sondern auf den eher nebensächlichen Nachtrag. Hören Sie deshalb nach dem Zwecksatz auf, fügen Sie Ihrer Forderung nichts mehr hinzu.

Fünf Sätze sind eine Orientierung. Es können auch nur vier oder sechs sein. Wichtig ist: nach den Argumenten und der eindeutigen Forderung nichts mehr nachschieben.

Wenn Sie eine Forderung mit gewichtigen Argumenten und klar formuliert vortragen, ist noch nicht garantiert, dass sie auch erfüllt wird. Es ist Ihr persönliches Recht zu *fordern*, was Ihnen zusteht. Dass Sie bekommen, was Sie fordern, ist nicht gewährleistet. Wenn bei der Forderung nach einer Gehaltserhöhung die Chefin oder der Chef auf stur schaltet, sind die individuellen Möglichkeiten weitgehend erschöpft. Es müssen andere, zum Beispiel gewerkschaftliche Mittel ins Auge gefasst werden. Gleichwohl ist es für das eigene Selbstwertgefühl von entscheidender Bedeutung, wie frau diese Situation bewältigt hat: Kann ich bei einem unbefriedigenden Ergebnis mit *mir* zufrieden sein, weil *ich* alles *mir* Mögliche gesagt und getan habe, um meine Forderung durchzusetzen? Oder bin ich unzufrieden – und erlebe es als persönliche Niederlage –, dass ich nicht zu Wort gekommen bin oder schlecht argumentiert und das Wichtigste vergessen habe?

Die Frauenbild-Falle

Wie wir uns verhalten, hängt eng damit zusammen, welches Bild wir von uns im Kopf haben. Unsere Bilder steuern unser Denken und Handeln. Wir »malen« diese Bilder zwar selbst, aber nicht ohne fremde Hilfe. Wenn wir anfangen, uns bewusst Persönlichkeits-Bilder im Kopf zurechtzulegen, finden wir Pinsel, Farben und vor allem Motive vor: Frauenbilder (und Männerbilder), Kompositionsregeln und Maltechniken. Die »ideale Frau« ist solch ein Bild. Sein Hauptmotiv ist Selbstlosigkeit.

Selbstlosigkeit ist eine Tugend. Diese Auffassung war für unsere Mütter eine gelebte Selbstverständlichkeit. Sie galt im Kleinen wie im Großen: Beim Essen bekam zuerst der Mann (das größte Stück Braten), dann wurden die Kinder bedient, und schließlich kam die Mutter dran. Die Frau gab – *ihm zuliebe* – ihren Beruf auf, um den Haushalt und die Kinder zu versorgen. Sie hörte zu und zeigte Verständnis. Sie glich Spannungen aus und vermittelte bei Konflikten. Sie war zuständig für Harmonie und Geborgenheit. Sie war immer für alle da. Ihre Gefühle und Bedürfnisse stellte sie stets zurück. Glücklich sollten die anderen sein, an erster Stelle: der Mann und die

Kinder. An sich dachte die »ideale Frau« zuletzt. Als die Kinder aus dem Haus waren, hatte sie verlernt, nach ihren Wünschen und Bedürfnissen zu fragen.

Zur »idealen«, zur »selbstlosen« Frau gehören Schuldgefühle. Ein eigener Wunsch, ein Nein auf die Forderung von anderen erscheint als *selbstsüchtig*. Frau ist stets dem Partner, den Kindern, der Freundin usw. etwas *schuldig*. Es ist ihre *Pflicht* als Frau, als Mutter, als ..., die eigenen Bedürfnisse zurückzustellen, für die *anderen da zu sein*.

Für andere da zu sein ist grenzenlos, es gibt dafür kein sachliches, logisches oder natürliches Ende. Es ist deshalb nicht eindeutig zu entscheiden, ob die *Pflicht* erfüllt, die *Schuldigkeit* getan ist (*ihm* schmeckt es, *er* hat es gemütlich – aber muss ich nicht mehr tun, damit *er* genügend Abwechslung hat?). Die »ideale Frau« kann nicht selbst entscheiden, ob sie eine »ideale« Frau ist. Sie macht sich abhängig von der Fremdwahrnehmung anderer. Um diesem Fremdbild zu entsprechen, wird das Risiko einer Selbstdarstellung vermieden (*Was werden die von mir denken? Sie werden mich nicht mehr mögen. Sie werden mich für egoistisch halten. Die erwarten doch von mir ...*). Eigene Wünsche, Bedürfnisse werden zurückgestellt.

Orientiere ich mich in erster Linie an den – vermuteten – Erwartungen anderer, ist es schwer, Grenzen zu ziehen. Die Fremdorientierung bleibt nicht auf den Mann, die beste Freundin, die Familie, die Kinder beschränkt. Sie wird zur Selbstverständlichkeit. Wie frau sich kleidet oder frisiert, ob sie zu dick oder zu dünn ist, ob sie für den Freund tippen soll oder nicht, orientiert sich an den Erwartungen anderer. Diese Orientierung wird rasch zum Bumerang: Die anderen werden ermuntert, es als selbstverständlich anzusehen, dass die »ideale Frau« alle lästigen Aufgaben für sie übernimmt. Sagt sie irgendwann einmal nein, sind alle erstaunt und können ihre Reaktion *überhaupt nicht verstehen.*

Bilder und Motive der Vergangenheit? Vielleicht. Mit Bestimmtheit reichen sie in doppelter Hinsicht in die Gegenwart hinein:

1. Die »ideale Frau« – wir übersetzen: die selbstlose Märtyrerin – ist eine Fabelgestalt. Niemand kann völlig selbstlos durchs Leben gehen. Wer die eigenen Wünsche und Bedürfnisse zurückstellt, nie nein sagt, sucht und erwartet auf anderen Gebieten Dank, Anerkennung oder Befriedigung. Das macht eine Märtyrerin oft sehr unangenehm. Immer alle (Haus-) Arbeit zu übernehmen kann verbunden werden mit dem Wunsch, die anderen deutlich merken zu lassen, dass sie auf die Märtyrerin angewiesen sind. Fürsorge kann zur Unterdrückung werden. Wer immer nur für die anderen da ist, kann daraus den Anspruch ableiten, auch für die Gefühle und Bedürfnisse anderer verantwortlich zu sein, für andere entscheiden zu wollen. Pochen Tochter oder Sohn darauf, selbst zu entscheiden, kommt es zu verwickelten Konflikten, in denen die Märtyrerin um ihren Einfluss (das einzige, was sie hat), um ihre Macht in der Machtlosigkeit kämpft. Weil es in diesen Auseinandersetzungen um Macht und Einfluss geht, sind sie oft so unerbittlich. Harmlos erscheinen dagegen, wenn die Kinder erst einmal aus dem Haus sind, die wiederholten Aufzählungen, worauf die Märtyrerin alles verzichten musste, ihr Klagen über den *Undank der Welt* oder der mehr oder minder deutliche Hinweis, dass die Kinder ihre »alte Mutter« doch öfter mal besuchen könnten, *nach allem, was sie für sie getan hat.* Hierin liegt ein wichtiger Grund, warum so viele Frauen mit ihren Müttern »im Clinch« liegen.

Die Frauenbild-Falle   131

2. Die »ideale Frau« (Märtyrerin) belastet Töchter mit schwe-
rem Gepäck: mit der fehlenden Erfahrung, dass eine Frau
sich zu den eigenen Wünschen und Bedürfnissen bekennt
und sie selbstbewusst vertritt, dass sie Konflikten nicht aus-
weicht, dass sie ihre Prioritäten setzt und deutlich Grenzen
ziehen kann. (Angehende Männer lernen weit eher, dass ein
Mann wissen muss, was *er* will.) Das bedeutet nicht, es würde nur der Verzicht gelernt. Die selbstlose Frau hat Wünsche
und Bedürfnisse – und Schuldgefühle wegen dieser Wünsche und Bedürfnisse. Deshalb werden diese Wünsche und
Bedürfnisse nicht unmissverständlich geäußert, sondern
mit weiblicher List verfolgt. Diese List, auch unter dem Namen »Diplomatie« bekannt, kann früh gelernt werden. Wir
wollen das an einer kleinen Geschichte verdeutlichen.

Als Kind dachte Gisela viel über den Rat ihrer Mutter nach, diplomatisch zu sein, um beim Vater ihre Wünsche durchzusetzen. So richtig konnte sie sich trotzdem nichts unter dem Wort
»diplomatisch« vorstellen. Wenn sie bei der Mutter nachfrag-
te, bekam sie zur Antwort: »Du musst Vati um den Finger
wickeln. Er braucht gar nicht zu merken, dass du was von ihm
willst.« Die Antwort brachte sie ins Grübeln: Hatte sie denn so
ungeheuerliche Wünsche, dass sie diese Wünsche besser
nicht offen äußern sollte? Oder sollte sie etwas gegen diese
Wünsche unternehmen?

Als Gisela vierzehn war, wollte sie nicht mehr mit ihren Eltern verreisen. Drei ihrer Freundinnen wollten in den Som-
merferien nach Frankreich auf einen Jugend-Campingplatz
fahren und hatten sie gefragt, ob sie nicht mitkommen wolle.
Gisela, Feuer und Flamme, fragte ihre Mutter, ob sie mitfahren
dürfe. »Von mir aus ja«, antwortete die Mutter und fügte hin-

zu: »Aber du weißt, Vati entscheidet das.« Der Vater war streng. Was sollte Gisela tun? In den nächsten Tagen war sie etwas freundlicher zu ihrem Vater, aber nicht zu sehr, es fiel kaum auf. Sie schenkte ihm mehr Aufmerksamkeit, holte ihm ohne Aufforderung ein Bier aus dem Kühlschrank und gab sich Mühe, ihm den einen oder anderen Wunsch von den Augen abzulesen. Die Ferien rückten näher. Oft dachte sie, jetzt frag ich ihn, verschob dann aber die Frage. Von der Mutter wusste sie: Man fällt nicht mit der Tür ins Haus, sondern muss einen günstigen Augenblick, gute Laune zum Beispiel, abwarten.

Eines Abends spürte sie, jetzt ist der richtige Moment da. Der Vater saß gemütlich in »seinem« Sessel und fragte, wie es denn in der Schule gehe. Gisela setzte sich zu ihm auf die Sessellehne und berichtete, dass sie die beste Physikarbeit geschrieben habe, dass sie sogar besser als alle Jungs in der Klasse abgeschnitten habe. Sie sah ihm an, dass er stolz auf seine Tochter war. Aus ihr würde einmal etwas werden. Gisela holte ihn behutsam aus seinen Gedanken zurück. Sie legte den Kopf leicht schräg und erzählte von den Ferienplänen, dass die Eltern ihrer Freundinnen alle zugestimmt hätten, dass sie auch auf sich Acht geben würde. Und sicher wollte er doch nicht als altmodisch gelten.

Ihren Freundinnen berichtete sie später eher beiläufig, dass er »natürlich« zugestimmt habe.

»Weibliche« Diplomatie kann sehr erfolgreich sein. Die Kehrseite: Die Diplomatin muss stets auf dem Sprung sein, um einen günstigen Augenblick abzupassen. Sie ist auf die gute Stimmung der anderen angewiesen. Sie verlernt konkret und direkt zu sagen, was sie will, was sie möchte. Mit der Zeit erscheint es ihr dann egoistisch oder selbstsüchtig, offen einen Wunsch oder eine Forderung zu äußern.

Die künftige »Idealfrau« lernt noch mehr, vor allem Einfühlungsvermögen. Keine Diplomatie ohne Empathie. Die Lernvoraussetzungen sind allerdings ungünstig. Ständig lauert die Gefahr, dass die nützliche Fähigkeit, sich in die Lage von anderen versetzen zu können, umkippt: Entweder wird Empathie zur Identifikation; der Standpunkt, die Wünsche und Bedürfnisse der anderen, in die frau sich gut hineinversetzen kann, werden zur Richtschnur des eigenen Verhaltens. Für andere hat die »Idealfrau« grenzenlos Verständnis – oder meint, es haben zu müssen –, die eigenen Wünsche sind egoistisch. Oder das Einfühlungsvermögen führt dazu, dass sie sich nur noch den Kopf der anderen zerbricht. Das, was sie will und möchte, wird dann überwiegend aus der angenommenen Perspektive der anderen beurteilt: *Ist das nicht zu viel von ihm verlangt? Ist sie vielleicht brüskiert? Erlebt er das nicht als Erpressung? Kann sie nein sagen, wenn sie nicht will?*

Vor einem solchen Lern- und Erfahrungshintergrund fällt es schwer, nein zu sagen, Bedürfnisse zu äußern und Forderungen anzumelden. Doch der Versuch lohnt sich: Sie sagen klar, was Sie wollen, was Sie nicht wollen oder was Sie stört, und hören (zum Beispiel) auf mit versteckten Klagen und Beschwerden; Ihre Umgebung reagiert positiv darauf, dass Sie nicht mehr nörgeln.

Sie sagen klar, was Sie wollen, was Sie nicht wollen oder was Sie stört, und Ihre FreundInnen registrieren erfreut, dass sie jetzt eindeutig wissen, woran sie bei Ihnen sind.

Sie fordern, was Sie wollen, und machen die Erfahrung, wie befreiend es ist, nicht mehr taktieren zu müssen, sondern offen nach einem Gleichgewicht zwischen den eigenen Bedürfnissen und denen der anderen suchen zu können.

Jetzt rede ich:
Referat, Vortrag, Rede

Sabines Adrenalin-Spiegel steigt: »Ich!? Nein!«

»Ich habe keine Zeit« (gemeint ist: Mir fehlt die Erfahrung).

»Ich kenn mich bei diesem Thema doch nicht aus« (ich werde doch so schnell rot).

»Ich habe im Moment andere Sorgen« (ich rede viel zu leise).

»Ich habe an dem Tag was anderes vor« (ich spreche zu schnell).

»Ich will mich nicht vordrängen« (ich bleibe garantiert stecken).

»Ich schlage Pia vor« (mir verunglückt bestimmt jeder zweite Satz).

»Das ist doch Heikes Schwerpunkt« (ich spreche einen unmöglichen Dialekt).

Jemand anderes (wieder einmal ein Mann?) übernimmt beim nächsten Treffen der Stadtteilgruppen das Einleitungsreferat über »Verkehrsplanung«.

Vor anderen reden, einen Vortrag, ein Referat oder eine Rede halten, das ist für viele die schwierigste Redesituation. Sie ist mit Angst besetzt und löst viele Befürchtungen aus – siehe oben.

Viele weichen der Situation lieber aus (statt sich zu »blamieren«). Damit ist die Schwierigkeit nicht aufgehoben, sondern nur verschoben. Die nächste Situation kommt bestimmt. Und – trivial aber wahr: Nur Übung macht die Meisterin.

Aber muss es gleich die *Meisterin* sein? Nein. Es ist schon viel gewonnen, wenn der *Selbst*anspruch überprüft wird, eine »gute« Rednerin zu sein.

Den Anspruch an sich selbst so hoch zu schrauben, dass er nicht erfüllt werden kann, ist ein gängiger, meist unbewusster Bremsmechanismus, der viele daran hindert, Situationen anzupacken. In der Regel erwartet in der Stadtteilgruppe, im Seminar, auf der Mitarbeiterinnen-Besprechung niemand rhetorische Glanzleistungen, sondern eine Rede, die informiert oder zum Nachdenken anregt, ein Referat, das Hand und Fuß hat und verständlich vorgetragen wird. Das ist nicht so schwer. Die *Meisterin* ist ein selbst gestellter Anspruch. Vor der Meisterin stehen zwei Dutzend und mehr »normale« Referate oder Vorträge.

Für diese Gesellinnen-Zeit sind die folgenden Abschnitte gedacht. Sie helfen, aus Redeängsten ganz gewöhnliches Lampenfieber zu machen, so dass die Aufregung ein erträgliches und kalkulierbares Maß annimmt. Wir verwenden abwechselnd die Begriffe »Rede«, »Vortrag« und »Referat« und meinen damit eine Situation, in der Sie zwischen zehn und 45 Minuten über ein Thema sprechen.

Referat, Vortrag, Rede vorbereiten

Erst denken, dann sprechen: Jede Rede bedarf der Vorbereitung. Die Vorbereitung kann sehr kurz sein (zum Beispiel bei einer Stegreifrede) oder sich auf ein paar Notizen beschränken (bei einem Diskussionsbeitrag). Längere Reden erfordern eine gründliche Vorbereitung. Eine gute Vorbereitung gibt Ihnen Sicherheit.

1. Vorüberlegungen

Am Anfang einer guten Vorbereitung stehen die Fragen nach dem Ziel der Rede und der Zusammensetzung der Zuhörerinnen und Zuhörer.

Im vierten Kapitel haben wir erläutert, warum der Zweck und das Ziel eines Diskussionsbeitrages am Anfang aller Überlegungen steht (vgl. Seite 56). Das gilt auch für die Vorbereitung eines Vortrags oder einer Rede. Aus dem Thema ergibt sich nicht automatisch ein Rede-Zweck oder -Ziel. Klären Sie daher: Was will ich erreichen? Was ist der Zweck, das Ziel meiner Rede? Wollen Sie informieren, einen Vorschlag machen, zum Nachdenken oder Umdenken anregen, zum Handeln aufrufen? Erst wenn Zweck und Ziel abgesteckt sind, können Sie

- das Thema genau eingrenzen und von anderen Themen abgrenzen,
- gezielt nach Informationen suchen,
- schlüssig argumentieren und
- überzeugend reden.

Die nächste Überlegung gilt den Zuhörenden. Sie reden nicht nur über eine Sache; Sie reden vor allem zu Menschen. Um gezielt informieren und überzeugend argumentieren zu können, müssen Sie das, was Sie sagen und wie Sie es sagen wollen, auf die Voraussetzungen, Erfahrungen und Erwartungen der Zuhörerinnen und Zuhörer beziehen. Wenn Sie, zum Beispiel, zu Expertinnen oder Fachkollegen sprechen, können Sie problemlos die geläufigen Fachausdrücke verwenden. Richtet sich die Rede nicht an ein Fachpublikum, müssen Sie sparsam mit Fachwörtern umgehen und sie erklären, wenn sie nicht zu vermeiden sind. Je genauer Sie wissen, zu wem Sie sprechen, desto besser wird es Ihnen gelingen, sich auf die Zuhörenden einzustellen. Daher sind Informationen über folgende Fragen nützlich:

- Zusammensetzung: Geschlecht, Alter, Bildung, Beruf?
- Interesse und Erwartungen: berufliches oder privates Interesse; grundlegende Informationen, spezielle (neueste) Informationen?
- Kenntnisse über das Thema?
- Einstellungen zum Thema?

Es lohnt sich, diese Fragen möglichst genau zu beantworten. Sie können dann, zum Beispiel, besser entscheiden, welche Informationen Sie als bekannt voraussetzen können und welche nicht. Sie vermeiden, Ihr Publikum zu langweilen oder zu überfordern. Sie können Einwände in Ihrer Rede bereits vorwegnehmen und Beispiele auf die Erfahrungen der Zuhörenden beziehen.

Es gibt Redner, die können sich selbst stundenlang zuhören. *Wenn Sie sich auf die Zuhörenden einstellen, werden diese Ihnen gerne (einige Zeit) zuhören.*

2. IDEEN-SAMMLUNG

Viele machen bei der Vorbereitung eines Vortrags einen entscheidenden Fehler: Sie vertiefen sich sofort in das Thema – nach der Devise: »Mal sehen, was ich daraus machen kann«. Das Ergebnis sind Referate ohne »Hand und Fuß«. Um ausufernde Reden ohne roten Faden zu vermeiden, ist es notwendig, zunächst Ziel und Zweck der Rede zu bestimmen und *eigene* Ideen zu entwickeln. Ziehen Sie nicht sofort Bücher oder Zeitungen und Zeitschriften zur Information heran. Überlegen Sie zuvor, was *Sie* über das Thema wissen, was *Sie* an dem Thema interessant oder spannend finden. Schreiben Sie in Stichworten alles auf, was Ihnen zum Thema einfällt. Denken Sie nicht lange über eine Idee nach, schreiben Sie die Idee auf und dann sofort die nächste. Üben Sie keine Gedankenzensur aus: Notieren Sie jede Idee.

Wir verwenden folgende Technik bei der Ideen-Sammlung: Wir nehmen ein großes Blatt Papier. In die Mitte schreiben wir das Thema, und dann legen wir los. Jede Idee, jeder Einfall wird in einem oder zwei Worten, von der Mitte abgehend, auf eine Linie geschrieben. Fällt uns noch etwas zu dieser Idee ein, fügen wir es an diese Linie an. Jede Idee wird auf eine gesonderte Linie geschrieben. Schauen Sie sich, ehe Sie weiterlesen, unser Beispiel auf der gegenüberliegenden Seite an.

Diese Technik hat den Vorteil, dass sie zu Assoziationen und Verknüpfungen anregt (kann die Linie fortgesetzt, mit anderen verbunden werden?). Sie zeigt Schwerpunkte und Leerstellen auf (viele Ideen zu XYZ, wenige zu ABC) und fordert so zum Weiterdenken auf. Schließlich ist die gesamte Themenbreite mit einem Blick zu übersehen.

An diesem Bild (das auf Anhieb nicht so schön ausfallen wird wie unser Beispiel) setzt die weitere Arbeit an:

- Schwerpunkte werden hervorgehoben,
- mit Pfeilen oder anderen Symbolen werden (neue) Beziehungen hergestellt,
- es wird geprüft, was in der Rede angesprochen werden soll und was nicht.

✗ Probieren Sie diese Technik der Ideen-Sammlung einmal aus. Überlegen Sie sich ein Thema (als Anregung: *Tierversuche*). Nehmen Sie ein Blatt Papier (DIN A 4, besser noch DIN A 3), legen Sie es quer, schreiben Sie in die Mitte des Blattes das The-

Referat, Vortrag, Rede vorbereiten

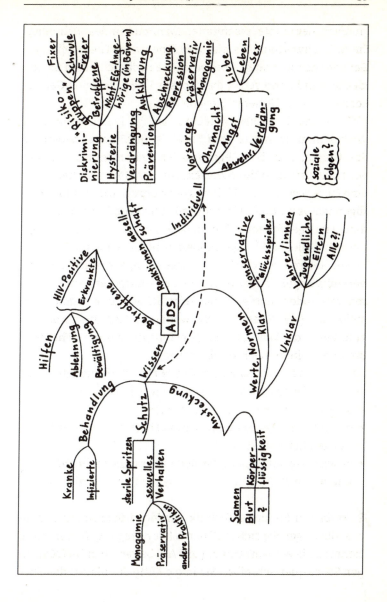

ma – und legen Sie los. Nehmen Sie sich 20 Minuten Zeit. Erfolgskriterium ist nicht, ob Ihr Ergebnis schön aussieht, sondern ob Sie zufrieden sind mit der Zahl Ihrer Ideen, die auf dem Blatt stehen.

3. THEMENEINGRENZUNG

Nichts ist langweiliger als ein Vortrag oder Referat, in dem *alles* angesprochen und – deshalb – doch *nichts* gesagt wird. Unser Beispiel für die Ideen-Sammlung enthält Stoff für eine Vortrags-*Reihe*. Jeder Versuch, alle Gedanken in einer Rede unterzubringen, muss scheitern. »AIDS« z. B. als Rede-Thema ist ein Hochstapler-Thema.

Über AIDS können Sie ein Buch schreiben, aber keine Rede halten. Das Thema muss also eingegrenzt werden, es müssen Schwerpunkte gesetzt werden. Jeder Versuch, über ein Thema wie AIDS erschöpfend informieren zu wollen, ist zum Scheitern verurteilt. Allgemeiner: Grenzen Sie ein Thema so ein, dass Sie es in einem vertretbaren Zeitrahmen bearbeiten können. Sprechen Sie einige Aspekte an, und informieren Sie über diese gründlich – *lieber weniger, aber besser*. Sie können ein Thema unter anderem nach folgenden Gesichtspunkten eingrenzen:

* zeitlich: Sexismus in der Ära Kohl,
* räumlich: Sexismus in den USA,
* nach Personengruppen: Sexismus unter Jugendlichen,
* institutionell: Sexismus im Deutschen Bundestag (im Fernsehen),
* nach der Betrachtungsweise: Ausdrucksformen des Sexismus in der Sprache,
* auf Positionen (oder ihre VertreterInnen): Die Sexismus-Kritik von Alice Schwarzer.

Referat, Vortrag, Rede vorbereiten 141

Häufig sind Kombinationen solcher Eingrenzungen erforderlich: Die Sexismus-Diskussion in der *Bundesrepublik nach 1968* (Sexismus in den *schwedischen Medien*).

4. THEMENERARBEITUNG

Nun müssen Informationen beschafft und ausgewertet werden. Halten Sie das, was Ihnen wichtig erscheint, schriftlich fest. Notieren Sie stets die Quellen, aus denen Sie Informationen beziehen, damit Sie Auskunft geben können, wenn Sie gefragt werden. Ergebnis dieses Arbeitsschrittes sollte eine vorläufige Gliederung des Hauptteils sein. Wie Sie eine Rede sinnvoll gliedern können, haben wir im vierten Kapitel gezeigt (vgl. Seite 55ff.). Wichtig ist, *dass* Sie gliedern. Reden Sie, wie eine Architektin baut – nach Plan und durchdacht. Überlassen Sie es anderen, so zu reden, als würden sie Domino spielen.

Es geht dann darum, die gesammelten Informationen, das erarbeitete Wissen den einzelnen Gliederungspunkten zuzuordnen und, wenn nötig, Argumentationslücken durch weitere Informationen zu schließen. Am Ende dieses Schrittes steht die Gliederung des Hauptteils. Nun kann das Rede-Manuskript ausgearbeitet werden:

- zunächst der Hauptteil (die Argumentation),
- dann der Schluss (der Zweck- oder Zielsatz),
- zuletzt die Einleitung, um möglichst noch aktuelle Ereignisse als Einstieg einbeziehen zu können.

5. DAS MANUSKRIPT

Gewöhnlich wird in Rhetorik-Büchern zwischen einem wörtlich ausgearbeiteten Manuskript und einem Stichwortkonzept unterschieden. Das ist eine sehr grobe Unterscheidung; es gibt zahlreiche Zwischenformen. Und es gibt nicht das richtige oder falsche Manuskript. Gestalten Sie Ihr Manuskript nach Ihren Bedürfnissen und Voraussetzungen. Wir stellen Ihnen drei Formen vor.

1. Das *wörtlich ausgearbeitete Manuskript* gibt vielen Rede-Anfängerinnen Sicherheit. Das ist ein gewichtiges Argument für diese Manuskript-Form. Wenn Sie sich für diese Form entscheiden, sollten Sie den folgenden Satz beherzigen: *Es ist ein widriges Gebrechen, wenn Menschen wie die Bücher sprechen.* Schriftsprache hört sich vorgetragen oft sehr steif an. Und der lange Satz, der auf dem Papier zweimal gelesen werden kann, bleibt bei einer Rede oft unverständlich. Reden Sie deshalb keine »Schreibe«. Sprechen Sie sich Ihre Rede laut vor oder, besser noch, nehmen Sie sie auf und hören sie sich ohne mitzulesen an. Wenn Sätze zu lang oder verschachtelt formuliert sind, verändern Sie die entsprechenden Passagen. Bei der Gestaltung des Manuskriptes ist zu beachten:
* verwenden Sie DIN A 4 Blätter,
* beschriften Sie die Blätter nur einseitig,
* schreiben Sie groß,
* schreiben Sie nur über die halbe Breite eines Blattes, so dass Sie eine Zeile mit einem Blick übersehen können,
* heben Sie die einzelnen Gedanken optisch deutlich voneinander ab.

Die Nachteile einer Rede nach einem wörtlich ausgearbeitetem Manuskript kennen Sie:
* Die Rede wirkt meist wenig lebendig,
* der Blickkontakt mit den Zuhörenden ist erschwert,
* es erfordert Routine, sich vom Manuskript zu lösen und dann wieder die richtige Zeile zu finden,

- die Versuchung ist groß, durchgängig abzulesen,
- vorgelesene Reden werden leicht zu schnell gesprochen und überfordern somit die Zuhörerinnen und Zuhörer.

2. Diese Nachteile können bei einer *Rede nach Stichworten* vermieden werden: Das freie Reden ist lebendiger, ermöglicht einen besseren Kontakt zu den Zuhörenden. Rede-Profis arbeiten ihr Konzept gleich in Stichworten aus. Das setzt große Sachkenntnis und Erfahrung voraus. Ein anderer Weg ist der, eine Rede wörtlich auszuarbeiten und daraus dann Stichworte für die Rede herauszuziehen.

Das Stichwortkonzept schließt nicht aus, bestimmte Passagen auszuformulieren. Sie können die Einleitung Wort für Wort aufschreiben, um Anfangsunsicherheiten zu überwinden. Zitate werden ebenfalls vollständig (mit Quellenangabe) notiert. Wir raten zudem, den Schluss wörtlich festzuhalten. Spontane Einfälle sind für den Schluss nicht ratsam, da sie leicht zur Abschwächung des Zwecksatzes führen können. Es sind also auch Mischformen zwischen ausgearbeitetem Manuskript und Stichwortkonzept möglich.

Verwenden Sie für Ihre Stichworte Karteikarten im Format DIN A 5. Sie eignen sich besser als gewöhnliches Schreibpapier, weil sie nicht so leicht knicken, nicht knistern und sich besser schieben lassen. Schreiben Sie groß und deutlich (nicht mehr als acht Zeilen auf eine Karte), und nummerieren Sie die Karten durch. Verwenden Sie für jeden neuen Hauptpunkt eine neue Karteikarte. Führen Sie keine Sätze oder Halbsätze auf einer neuen Karte weiter. (Über den Umgang mit den Stichwortkarten während der Rede informieren wir auf Seite 155).

Wenn Sie versuchen wollen, nach Stichworten zu reden, sich aber noch unsicher fühlen, können Sie Folgendes tun: Sie arbeiten ein Manuskript Wort für Wort aus. Sie lassen dabei auf der rechten Seite des Blattes einen großen Rand, auf dem Sie Stichworte notieren. Sie können dann nach Stichworten reden, haben aber zur Sicherheit auch den ausformulierten Text vor sich, auf den Sie – wenn nötig – zurückgreifen können.

Übungs-Vorschlag
Das Reden nach Stichworten läßt sich in den eigenen vier Wänden üben. Überlegen Sie sich ein Thema, über das Sie zu Übungszwecken reden wollen. Notieren Sie dann zehn Hauptworte, die Ihnen zu diesem Thema einfallen. Jedes Hauptwort wird auf einen gesonderten Zettel geschrieben. Ein Beispiel: Das Thema lautet »Selbstsicherheit«. Dazu werden zehn Hauptworte notiert:

1. Erfahrungen	6. Angst
2. Selbstzweifel	7. Persönliche Rechte
3. Erziehung	8. Risikobereitschaft
4. Rücksichtslosigkeit	9. Selbstvertrauen
5. Männer	10. Erfolg

Ordnen Sie dann die Hauptwörter. Überlegen Sie kurz, mit welchem Stichwort fange ich an, welches soll dann folgen usw. Nun halten Sie eine kleine Rede zum Thema. Aufgabe dabei ist es, zu jedem Hauptwort mindestens einen Satz zu sagen. Legen Sie die zehn Zettel hintereinander vor sich auf den Tisch, und beginnen Sie mit dem ersten Stichwort. Während Sie zu diesem Stichwort reden, schauen Sie auf das nächste und versuchen, einen Übergang zu finden.

Nehmen Sie Ihre kleine Rede auf, und achten Sie beim Abhören auf die Übergänge zwischen den einzelnen Stichworten. Beurteilungs-Kriterium ist, wieweit es Ihnen gelingt, eine Rede aus »einem Guss« zu halten. Das Gegenteil hört sich etwa so an: »Selbstsicherheit hat viel mit Erfahrungen zu tun. Ein wichtiger Punkt ist auch die Erziehung. Männer sind oft selbstsicherer als Frauen. Sie haben weniger Angst. Sie haben meist größeres Selbstvertrauen...«

Hier wird kurzatmig nur ein Satz zu jedem Stichwort gesprochen. Die Sätze werden lediglich aneinandergereiht, Übergänge fehlen. Üben Sie, so lange zu einem Stichwort zu reden, bis Sie einen Übergang zum nächsten Stichwort finden, der Ihre Überlegungen wirklich fortsetzt. Dazu ist es häufig erforderlich, zwei, drei oder mehr Sätze zu einem Stichwort zu sagen. Zum Beispiel: »Für die Entwicklung von Selbstsicherheit werden in der Erziehung, im Elternhaus und in der Schule entscheidende Weichen gestellt. Bereits in der Kindheit werden Grundlagen für einen negativen Umgang mit sich selbst, für Selbstzweifel gelegt. *Das ist zu kompliziert für Mädchen*, ist einer jener vielen Sätze, die Selbstzweifel nähren. Wieviel besser sind die Voraussetzungen für die Entwicklung von Selbstvertrauen, wenn Eltern oder Lehrerinnen und Lehrer Kindern Mut machen, ihnen die Gewissheit vermitteln: *Du schaffst das schon.*«

3. Wir verwenden ein *Mind-Map*, eine Gedankenlandkarte, als Stichwortkonzept. Ein Beispiel haben Sie bereits auf Seite 139 gesehen. Wenn wir uns, auf der Grundlage der Ideen-Sammlung, ein Thema erarbeitet und schriftlich festgehalten haben, »übersetzen« wir uns dieses Ergebnis wieder in ein »Bild«. Dieses »Bild« ist jetzt also nicht mehr Resultat einer Ideen-Sammlung, sondern Abbild der Themenerarbeitung. Ein Beispiel finden Sie auf der nächsten Seite.

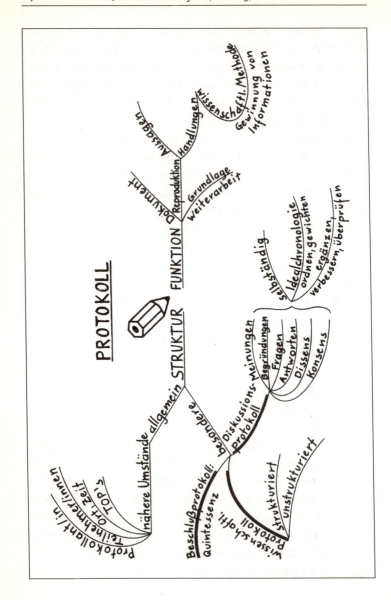

Diese Vorlage hat gegenüber einem Stichwortkonzept den großen Vorteil, dass wir mit nur einem Blatt als Redevorlage auskommen und so das gesamte Thema stets auf einen Blick vor uns haben. Zudem enthält diese Form bereits sprachliche Hilfestellungen. Verdeutlichen wir das an dem Beispiel auf der Seite 146: Das Bild gibt optisch die Formulierungshilfe: »Wir unterscheiden beim Protokoll zunächst zwischen Struktur und Funktion«. Wir »sehen« die Formulierung, »dass zwischen allgemeiner und besonderer Struktur unterschieden werden kann«. Und mit der Augenbewegung »sagen« wir: »Ich gehe zunächst auf die allgemeine Struktur eines Protokolls ein«. Kommen wir während eines Vortrages in Zeitnot und müssen einige Gesichtspunkte weglassen, sehen wir auf einen Blick, was wir überspringen und zu welchem Punkt wir springen (»Ich überspringe die Struktur des wissenschaftlichen Protokolls und komme gleich zum Beschlussprotokoll«).

Zahlen, Daten und Zitate können auf gesonderten Blättern notiert, die Abfolge der Rede kann durch Zahlen gekennzeichnet werden.

6. Der letzte Schliff

Zur Vorbereitung einer Rede gehört das Probe-Sprechen: Sprechen Sie Ihre Rede wirklich laut, und nehmen Sie sie, wenn möglich, auf. So können Sie Lücken, verunglückte Formulierungen, geschraubte Sätze, holprige Übergänge und Stockungen feststellen. Und Sie können überprüfen, wie lange Sie reden, ob Sie die möglicherweise vorgegebene Redezeit einhalten. Sie können über alles reden – aber nie länger als 45 Minuten (und auch wirklich nur dann 45 Minuten, wenn es unbedingt sein muss). Erinnern Sie sich an das Luther-Zitat: »Tritt fest auf, machs Maul auf, *hör bald auf!*«

Das Probe-Sprechen ist Grundlage, um an der Rede zu feilen, ihr den letzten Schliff zu geben. Hören und prüfen Sie, ob Sie *verständlich* und *anschaulich* sprechen.

Verständlichkeit und Anschaulichkeit

- Formulieren Sie kurze Sätze. Packen Sie nicht zu viel in einen Satz. Vermeiden Sie Bandwurm- und Schachtelsätze (sagen Sie also nicht: »Formulieren Sie, indem Sie Bandwurm- und Schachtelsätze vermeiden und nicht zu viel in einen Satz packen, kurze Sätze.«).
- Das Wichtigste steht am Anfang, Satzgegenstand und Satzaussage gehören zusammen: »Pia ging am Abend ins Kino, nachdem sie tagsüber hart gearbeitet hatte« (statt: »Pia, die tagsüber hart gearbeitet hatte, ging am Abend ins Kino«).
- Verwenden Sie geläufige Wörter: Stadtpark statt städtische Grünanlage, Dauerregen statt ergiebige Niederschläge, Geisterfahrer statt Gegenrichtungsfahrbahnbenutzer.
- Gehen Sie sparsam mit Fremdwörtern um. Ein Fremdwort ist dann angebracht, wenn es verständlich und treffend ist.
- Vermeiden Sie Modewörter. Ein Treffen muss nicht immer ein *Meeting* sein, und es muss auch nicht immer ein *Roundtable*-Gespräch sein, wenn Menschen sich an einen Tisch setzen, um ein Gespräch zu führen.
- Ärgern Sie die Zuhörenden nicht mit einem Aküfi (Abkürzungsfimmel). Wenn Sie eine Abkürzung verwenden, muss sie eingeführt werden: »Das Antidiskriminierungsgesetz, kurz ADG ...«
- Machen Sie gliedernde Zwischenbemerkungen:
  »Ich komme zum nächsten Punkt.«
  »Damit schließe ich die erste Frage ab und komme zur zweiten.«

»Zu diesem Aspekt will ich drei Überlegungen anstellen. Erstens: ...«

- Verwenden Sie viele Verben, wandeln Sie Verben nicht in Substantive um. Sagen Sie: »Beginnt das Land nicht sofort, weitere Schulen zu bauen, so wird ihm das schaden.« Überlassen Sie es Bürokraten zu sagen: »Bei *Unterbleiben* der sofortigen *Inangriffnahme* weiterer *Schulbauten* wird dem Land großer *Schaden erwachsen.*« Sprachblähungen wie
  – Beachtung schenken,
  – unter Beweis stellen,
  – zur Darstellung bringen
  mögen in Amtsstuben angebracht sein. In einer Rede sind sie es nicht. Statt solcher drögen Formulierungen lässt sich schlicht und lebendig sagen: beachten, beweisen, darstellen.
- Seien Sie zurückhaltend mit Zahlen und Statistiken.
- Verdeutlichen Sie komplizierte Sachverhalte durch Beispiele und Vergleiche.
- Stellen Sie Bezüge zu aktuellen Ereignissen her.

7. Abschliessen

Wenn Sie Ihrer Rede den letzten Schliff gegeben haben, sollten Sie noch einmal ein Probe-Sprechen anschließen. Machen Sie sich mit Ihrem Manuskript oder den Stichwort-Karten vertraut – und schließen Sie dann die Vorbereitungen vorläufig ab. Wenn Sie noch einige Tage Zeit haben, gehen Sie Ihre Rede jeden Tag noch einmal in Gedanken durch. Versuchen Sie gleichzeitig, Abstand zu gewinnen. Schließen Sie spätestens einen halben Tag vor Ihrer Rede die Vorbereitungen endgültig ab. Gönnen Sie sich einige Stunden Entspannung.

Referat, Vortrag, Rede halten

Die meisten Menschen sind unsicher vor einer Rede – und alle glauben, sie seien die einzigen, denen es so geht: Das Herz schlägt höher (»im Halse«), der Blutdruck steigt, im Magen stellt sich ein »flaues« Gefühl ein, die Atemwege trocknen aus (»Kloß im Hals«), Schweiß bricht aus.

ANGST, LAMPENFIEBER

Was passiert da eigentlich in unserem Körper? In Stress-Situationen schicken Drüsenzellen blitzschnell viel mehr Adrenalin und Noradrenalin in den Blutkreislauf als sonst. Beide Hormone ermöglichen schlagartig körperliche Höchstleistungen. Zugleich schränken sie die Denkfähigkeit ein. Dieser Vorgang ist für die Selbsterhaltung der meisten Lebewesen biologisch sinnvoll. In Gefahrensituationen werden Hormone ausgeschüttet, die den Körper auf Flucht oder Verteidigung einstellen. Der Vogel, der erst lange »überlegt«, wie er sich gegenüber der nahenden Katze verhalten soll, wird gefressen.

Vor anderen zu reden ist keine körperliche Bedrohung. Trotzdem stellt sich die geschilderte Reaktion häufig ein (und viele möchten am liebsten weglaufen). Diese Reaktion ist nur bedingt steuerbar. Und sie liegt nicht in der Redesituation selbst begründet. Eine Rede zu halten ist nicht bedrohlich. Wir *bewerten* die Situation so – und die geschilderten körperlichen Symptome stellen sich ein.

Es ist Thema des gesamten Buches, wie Sie durch mehr Selbstsicherheit zu einer anderen Bewertung einer Redesituation kommen können. Auf den nächsten Seiten geht es um die Frage, was Sie gezielt tun können, um Lampenfieber auf ein erträgliches Maß zu reduzieren.

Aus unserem kurzen Ausflug in die Biologie leiten wir zunächst folgende Empfehlung ab: Wenn Sie vor einer Rede einige der aufgezählten körperlichen Reaktionen bei sich registrieren, nehmen Sie sie hin. Akzeptieren Sie sie als das, was sie sind: Anzeichen für Stress. Verlangen Sie *in* der Situation nicht zu viel von sich. Verlangen Sie nicht, dass Sie sich wohl fühlen. Dieser Zustand lässt sich nicht herbeizaubern. Er ist Ergebnis von Übung und Erfahrung. Konzentrieren Sie deshalb Ihre Energien auf Ihre Rede. Und machen Sie sich bewusst, dass die Zuhörenden nicht in Ihr Innenleben schauen können. Die anderen sehen nicht, dass Ihr Blutdruck steigt, dass Ihnen »das Herz bis zum Halse schlägt«. Sie hören auch in den meisten Fällen nicht Ihre Stimme »zittern« (wir hören uns anders reden, mit dem »Innenohr«, als die anderen, die unsere Stimme mit dem »Außenohr« aufnehmen).

Was können Sie noch tun? Sich gut vorbereiten, nicht auf die letzte Minute am Ort des Geschehens erscheinen, sondern sich mit dem Raum und gegebenenfalls mit der Technik vertraut machen; langsam und tief durchatmen – und dann reden.

Der Anfang

Gehen Sie langsam zum Redepult. Beginnen Sie, selbst wenn Sie an Ihrem Platz bleiben können, nicht sofort zu reden. Legen Sie sich Ihr Manuskript, Ihre Stichwort-Karten zurecht. Nehmen Sie Blickkontakt zu den Zuhörenden auf, und warten Sie, bis es ruhig ist. Beginnen Sie langsam, laut und deutlich zu reden. Wie können Sie anfangen?

Goethe schreibt in seinen *Maximen und Reflexionen*: »Wer das erste Knopfloch verfehlt, kommt mit dem Zuknöpfen nicht zu Rande.« Eine Rede können Sie, um im Bild zu bleiben, nicht noch einmal aufknöpfen. Deshalb sollten die ersten Sätze gut vorbereitet werden. Sie entscheiden oft, ob sich die Zuhörenden angesprochen fühlen oder nicht. Kurt Tucholsky empfiehlt für eine schlechte Rede: »Fang nie mit dem Anfang an, sondern immer drei Meilen vor dem Anfang! Etwa so: ›Meine Damen und meine Herren! Bevor ich zum Thema des heutigen Abends komme, lassen Sie mich Ihnen kurz…‹ Hier hast du schon so ziemlich alles, was einen schönen Anfang ausmacht: eine steife Anrede; der Anfang vor dem Anfang; die Ankündigung, dass und was du zu sprechen beabsichtigst, und das Wörtchen kurz. So gewinnst du im Nu die Herzen und die Ohren der Zuhörer.«[*]

Schlechte Anfänge sind auch:

1. Entschuldigungen
   - »Meine Vorbereitungszeit war so kurz, dass ich nur…«
   - »Ich kann Ihnen leider einige Ausführungen über… nicht ersparen.«
   - »Ich bin zwar keine gute Rednerin, ich will aber trotzdem…«
   - »Mir war es bedauerlicherweise nicht möglich…«
   Machen Sie sich und Ihren Vortrag nicht vorab schlecht.

2. Floskeln, Schwulst
   - »Ich möchte Ihnen heute berichten über…«
   - »Ich habe die ehrenvolle Aufgabe…«
   - »Es ist mir eine besondere Ehre, gerade vor Ihnen…«
   Beginnen Sie schlicht.

3. Eigenlob
   - »Aufgrund meiner langjährigen Erfahrungen als…«
   - »Lassen Sie mich als Expertin auf dem Gebiet der…«
   Beginnen Sie schlicht.

---

[*] Gesammelte Werke Band 8. Reinbek 1993, S. 290.

4. Drohungen
   - »Mein Thema ist zwar außerordentlich kompliziert, dennoch...«
   - »Ich kann Ihnen einige Details nicht ersparen, weil...«
   Vermeiden Sie Drohungen.
5. Negativer Einstieg
   - »Leider sind nur wenige gekommen...«
   - »Ich hätte bei diesem interessanten Thema mehr Zuhörerinnen und Zuhörer...«
   Verbreiten Sie keine schlechte Stimmung.

Die Einleitung soll, wie der Name sagt, die Zuhörenden in das Thema einführen und sie für das Thema interessieren. Das kann gelingen durch
- ein originelles Zitat,
- eine provokante Frage oder These,
- einen kurzen, anschaulichen Erlebnisbericht,
- das Aufgreifen eines aktuellen Ereignisses,
- einen kurzen Überblick über den Inhalt der Rede.

Einen kurzen Überblick sollten Sie auch dann geben, wenn Sie einen anderen Einstieg gewählt haben. In jedem Falle sollte die Einleitung kurz sein und rasch zum Hauptteil hinführen.

UND WENN ICH ...
... rot werde?
Akzeptieren Sie es! Wenn es Ihnen gelingt, das Rotwerden nicht so wichtig zu nehmen, wird sich dieses Problem mit der Zeit deutlich verringern. Fragen Sie nach der Rede eine Freundin, ob sie Ihren »knallroten« Kopf bemerkt hat. Häufig

täuscht der eigene Eindruck. Sie meinen, Ihr Kopf würde glühen, doch die anderen nehmen allenfalls ein leichtes Erröten wahr.

... zu leise rede?

Dagegen gibt es nur ein Mittel: üben, lauter zu reden. Es ist ein schlechter Anfang, wenn die Zuhörenden Sie auffordern, lauter zu sprechen (und Sie noch mal beginnen müssen). Achten Sie nicht nur auf eine angemessene Lautstärke, sondern auch darauf, dass Ihre Stimme am Ende eines Satzes weder fragend höher wird noch abfällt und leiser wird. Sie nehmen sonst Ihrer Aussage die Kraft und Wirkung.

... Dialekt spreche?

Freuen Sie sich darüber! Meist wirkt eine Dialektfärbung sympathisch. Nur wenn die Verständlichkeit beeinträchtigt wird, stört ein Dialekt. Oft sind es nur einzelne Worte, die im Dialekt nicht verstanden werden. Nicht alle Menschen wissen, was »Schwammerl« sind oder »Seiber« bedeutet. Frau braucht also nur Pilze oder Speichel zu sagen und muss sich nicht gleich darum bemühen, eine Dialektfärbung durch »korrektes« Hochdeutsch zu ersetzen.

WÄHREND DER REDE

Blickkontakt

Halten Sie Blickkontakt mit den Zuhörenden. Schauen Sie nicht an die Decke, in einen entlegenen Winkel im Raum oder ständig auf das Manuskript. Es kann sehr hilfreich sein, am Anfang den Blickkontakt mit einer Freundin oder einem Freund zu suchen, allgemeiner: zu freundlichen Menschen. Es gibt nie nur grimmige ZuhörerInnen, sondern immer die eine oder den anderen, die oder der Sie freundlich anschaut oder zustimmend nickt.

Sprechen Sie vor einer großen Gruppe (40 und mehr Personen), schauen Sie erst rechts eine Zuhörerin oder einen Zuhörer an. Gehen Sie dann mit Ihrem Blick langsam zu einer Person in der Mitte und dann langsam weiter nach links. Richten Sie Ihren Blick von dort, um einige Personen versetzt, wieder zurück zur Mitte und dann nach rechts – usw.

Manuskript
Ein Manuskript oder Stichwort-Karten sind keine Schande, sondern ein legitimes Hilfsmittel, das Sie nicht verstecken müssen. Legen Sie die Karten vor sich auf den Tisch oder auf das Redepult. Wenn Sie im Stehen ohne Tisch oder Pult sprechen, nehmen Sie die Karte in eine Hand und winkeln den Arm so an, dass Sie Ihre Notizen lesen können. Achten Sie beim Gestikulieren darauf, dass Sie nicht mit den Karten »winken«. Legen Sie die Karten oder Blätter, die abgehandelt sind, zur Seite oder schieben Sie sie hinter die anderen.

Körperhaltung
Wenn Sie *sitzen*: Rutschen Sie mit dem Hintern bis an die Rückenlehne und lehnen Sie sich an. Stellen Sie beide Füße fest auf den Boden. (Hinweis für kleine Frauen: Rutschen Sie so weit vor, bis Sie Ihre Füße fest auf den Boden stellen können.) Rücken Sie den Stuhl nahe an den Tisch, so dass Sie die Hände auf die Tischplatte legen können. So können Sie problemlos gestikulieren. Bleiben die Hände unter dem Tisch, sinken die Schultern herunter, machen Sie sich kleiner; Sie sitzen nicht mehr gerade und können nicht mehr mühelos gestikulieren.

Wenn Sie *stehen*: Stehen Sie mit beiden Beinen fest auf dem Boden, das Körpergewicht gleichmäßig verteilt. Lassen Sie die Schultern nicht nach vorne fallen, halten Sie den Rücken gerade und den Kopf erhoben.

Gestik

Unterstreichen Sie – sparsam – das, was Sie sagen, mit den Händen. Das wird erschwert, wenn Sie

- die Hände falten oder hinter den Rücken nehmen,
- die Arme in Brusthöhe verschränken oder in die Taille stützen,
- sich am Manuskript festhalten oder am Pult festklammern,
- einem Stift o. ä. hin und her drehen,
- sich mit den Armen auf das Pult stützen.

Wohin mit Armen und Händen? Wenn Sie sitzen: auf den Tisch. Wenn Sie stehen: Winkeln Sie einen Arm an, und lassen Sie den anderen locker herunterhängen. Sie werden die Erfahrung machen: Nach einiger Zeit beginnen Sie ganz automatisch, Ihre Rede mit Gesten zu unterstreichen. Wenn Sie in der angewinkelten Hand eine Redevorlage haben, wird der andere Arm diese Funktion übernehmen. Stehen Sie hinter einem Pult, kann es schon schwieriger werden. Oft sind Redepulte so hoch, dass gerade noch der Oberkörper zu sehen ist. Verzichten Sie auf Gestik, wenn Sie dafür die Arme sehr weit nach oben nehmen müssen. Ist das Pult nicht zu hoch, empfehlen wir die gleiche Arm- und Handhaltung wie beim freien Stehen. In jedem Fall sollten Sie nicht zu nahe am Pult stehen.

Wir raten nachdrücklich davon ab, Gesten einzustudieren. In vielen Rhetorik-Seminaren werden bestimmte Gesten trainiert: Bei Stichworten wie »alle«, »wir« oder »Welt« sollen, zum

Beispiel, die Arme ausgestreckt und ein Halbkreis beschrieben werden. Meist passen solche Gesten nicht zum Stil der Rede. Häufig wird diese Gestik nicht konsequent durchgehalten, oft wirken solche Gesten komisch oder so pathetisch wie eine Fernsehpredigt. Gestik muss von innen heraus kommen. Sie stellt sich auch ein – wenn Sie das, was Sie sagen, für wichtig halten, wenn Sie überzeugt sind von dem, was Sie sagen. *Versuchen Sie, keine Effekte zu erzielen, die nicht in Ihrem Wesen liegen.*

Bei vielen Rednerinnen geht es nicht darum, Gesten zu lernen, sondern darum, sich überhaupt Gestik zu gestatten, Gesten zuzulassen, eine raumgreifende Körperhaltung einzunehmen. Auf dem heimlichen Lehrplan für Frauen steht immer noch die geschlossene Körperhaltung (eng zusammengehaltene Beine, Arme dicht am Körper, die Hände im Schoß). Zugespitzt formuliert: Beanspruchen Sie Raum, und Sie müssen nicht mehr viel über Gestik und Körperhaltung lernen.

Aufmerksam beobachten und, wenn nötig, verlernen sollten Sie Gesten, die die Bedeutung Ihrer Rede schmälern:

- mit den Schultern zucken,
- den Kopf schräg halten.

Das signalisiert: Ich habe es nicht wirklich ernst gemeint; ich weiß es selbst nicht genau; ich bin auf Zustimmung angewiesen; ich bin unsicher. Schließlich sollten Sie auch darauf achten, nicht Haarsträhnen zu drehen oder andere Verlegenheitsgesten zu zeigen.

Mimik

Wenn Sie sich während einer Rede wohlfühlen, lächeln Sie. Wenn Sie einen Witz erzählen, lachen Sie (aber nicht schon vor dem Witz). Wenn Sie über ein heiteres Thema berichten, bringen Sie Heiterkeit zum Ausdruck. Aber nur dann! Lächeln Sie nicht, wenn Ihnen nicht danach zu Mute ist. Es kommt nur ein Verlegenheitslächeln dabei heraus. Sie schmälern damit die Wirkung Ihrer Aussage (ist wohl nicht so ernst gemeint). Die meisten Männer reagieren auf ein verlegenes Lächeln mit einer Herabstufung nach dem Motto: »Wie süß« (oder: »Ach, die Arme«). Machen Sie ihnen nicht diese Freude!

Pausen
Sprechen Sie nicht zu schnell. Etwa 100 Wörter in der Minute sind angemessen. Wenn Sie in Eifer geraten, dürfen es auch 120 sein. Mehr ist zu viel
- für die Zuhörerinnen und Zuhörer: Sie können nicht mehr folgen;
- für die Sprecherin: Sie wird über kurz oder lang in Atemnot geraten.

Reden Sie nicht »ohne Punkt und Komma«. Machen Sie Pausen. Pausen sind
- ein rhetorisches Mittel: Lassen Sie eine wichtige Aussage oder Frage wirken, indem Sie eine kurze Pause anschließen;
- ein Gliederungsmittel: Signalisieren Sie nach jedem Hauptgedanken durch eine Pause, dass eine neue Überlegung folgt;
- eine Wohltat für RednerInnen und ZuhörerInnen: Sie geben Gelegenheit, Luft zu holen und nachzudenken.

Schließlich sind sie wichtig, um sich zu sammeln und bei Aufregung ruhiger zu werden.

Gliedernde Zwischenbemerkungen

Ihre Zuhörerinnen und Zuhörer sind Ihnen dankbar für sprachliche Hinweise, die es erleichtern, Ihrer Rede zu folgen. Machen Sie deshalb den Aufbau Ihrer Rede transparent, sagen Sie, wo Sie gerade sind und wie es weitergeht:

- »So weit zu Punkt 1. Ich komme zu Punkt 2.«
- »Ich schließe damit den Komplex ABC ab und komme zur Frage XYZ.«
- »Ich will das an drei Beispielen zeigen. Beispiel 1: ...«
- »Das waren meine Argumente für ABC. Nun meine Argumente gegen ABC.«
- »Ich komme zum zweiten Teil meiner Ausführungen.«

UND WENN ...

... mir ein Satz verunglückt?

Wenn Sie einen Satz mit kleinen Verstößen gegen die Grammatik beenden, ist das kein Drama: Es wird Ihnen nicht unterstellt, Sie könnten kein richtiges Deutsch. Sofern problemlos zu verstehen ist, was Sie gemeint haben, sprechen Sie einfach weiter. Sie können auch (ohne Entschuldigung) das entsprechende Wort verbessern. Kommen Sie mit Ihrem Satz überhaupt nicht mehr klar, brechen Sie ihn ab, und fangen Sie ihn neu an. Sie können schlicht sagen: »Ich beginne den Satz noch einmal neu.« Sie können auch ein bisschen bluffen:

- »Ich möchte es besser formulieren: ...«
- »Präziser ausgedrückt: ...«
- »Genauer gesagt: ...«

Wenn Sie solche Formulierungen häufiger verwenden, wird der Bluff allerdings durchschaut. Beugen Sie am besten vor: Formulieren Sie kurze Sätze.

... ich mich verspreche?
Gehen Sie über kleine Versprecher, die den Sinn Ihrer Aussage nicht entstellen, einfach hinweg. Nobody is perfect. Wird der Sinn entstellt, korrigieren Sie sich ohne Entschuldigung: »Ich meine natürlich nicht pädagogisch, sondern psychologisch.« Wird über Ihren Versprecher gelacht – lachen Sie mit! Sprechen Sie weiter, wenn wieder Ruhe eingekehrt ist.

... mir das treffende Wort fehlt?
Das ist eine normale Erscheinung. Setzen Sie mit einer Umschreibung oder einem anderen treffenden Wort Ihre Rede fort. Gelingt Ihnen das nicht, sagen Sie: »Mir fehlt der treffende Begriff«. Sie werden sehen, Sie bekommen Hilfe von den Zuhörenden – und haben aus der »Not« eine Tugend, eine Dialogsituation, gemacht: Sie haben Ihr Publikum aktiviert. Sie können es auch »eleganter« sagen: »Wie kann ich es treffend formulieren?«, und sich so eine Denkpause verschaffen.

... ich den roten Faden verliere?
Auch das ist keine Katastrophe. Niemand weiß, was Sie als Nächstes sagen wollten. Und die Zuhörerinnen und Zuhörer registrieren auch nicht jeden kleinen Fehler im Ablauf der Rede. Wenn Ihnen der Faden gerissen ist, entsteht eine kleine Pause. Niemand außer Ihnen weiß, dass diese Pause deshalb eintritt, weil Sie steckengeblieben sind. Schauen Sie auf Ihr Manuskript oder auf Ihre Stichwort-Karten, wie es weitergeht. Suchen Sie in aller Ruhe die Anschlussstelle. Sie blamieren sich nicht! Es ist durchaus üblich, und so wird es auch von den Zuhörenden registriert, nach einer gewissen Zeit der freien Rede einen Blick auf die Vorlage zu werfen, um sich zu vergewissern, was als Nächstes angesprochen werden soll.

Ein anderes Mittel, um den Anschluss wieder zu finden, sind Zusammenfassungen oder Wiederholungen dessen, was Sie zuletzt gesagt haben:

- »Ich möchte diesen Punkt kurz zusammenfassen.«
- »Ich wiederhole kurz...«
- »Ich möchte noch einmal betonen...«

Sie können sich auch vergewissern, ob die Zuhörenden Fragen haben: »Haben Sie, bevor ich zum nächsten Punkt komme, noch Fragen?« Schließlich können Sie vorschlagen, kurz zu lüften oder (bei einer längeren Rede) eine kurze Pause zu machen.

... ich etwas vergessen habe?
Die Zuhörenden wissen nicht, was Sie alles sagen wollten. Ihnen fällt also auch nicht auf, dass Sie etwas weglassen haben. Wenn Sie ein zentrales Argument, eine für Ihre Argumentation wichtige Passage übersprungen haben, tragen Sie diesen Punkt bei passender Gelegenheit nach:

- »Ein wichtiger Gesichtspunkt fehlt noch:...«
- »In diesem Zusammenhang ist zu ergänzen...«
- »Dabei ist allerdings zu berücksichtigen, und das habe ich bisher noch nicht getan, dass...«
- »Sie werden sich vielleicht schon gefragt haben, ob...«
- »Bevor ich aus meinen Ausführungen Schlussfolgerungen ziehe, möchte ich noch folgenden Aspekt beleuchten:...«

DER SCHLUSS

Machen Sie in der Zielgeraden nicht schlapp. Der Schluss muss stimmen. Was zuletzt gesagt wird, wirkt am längsten. Geben Sie sich deshalb besondere Mühe mit dem Schluss der Rede.

Zunächst: Der Schluss muss wirklich der Schluss sein. Viele

Redner kündigen an, dass sie »nun zum Ende kommen« – und reden unverdrossen eine Viertelstunde weiter.

Halten Sie die Schluss-Formulierungen schriftlich fest. Verlassen Sie sich besser nicht darauf, dass Ihnen schon ein guter Schluss einfallen wird. Oft kommt dann nicht mehr heraus als ein: »Ich danke Ihnen für Ihre Aufmerksamkeit.« – oder gar: »Ja, das war eigentlich schon das Wichtigste. Ich danke Ihnen.« Andere Rednerinnen entschuldigen sich: »Nun habe ich Ihre Geduld schon genug strapaziert.« »Ich habe leider vieles nur anreißen können.« Gelegentlich wird noch mit Floskeln oder Schwulst eine Rede beendet: »Mögen diese Überlegungen dazu beitragen, dass…« »Bleibt mir zu hoffen, dass…«. Solche Formulierungen sind überflüssig oder peinlich. In jedem Falle schmälern Sie die Wirkung der Rede. *Lassen Sie den Schluss wirken. Schieben Sie nichts nach.* Auch keinen Dank. Es gibt, meinen wir, keinen Grund, am Ende einer Rede zu danken: *Sie* hatten doch mit der Rede Arbeit und Mühe.

Damit diese Arbeit und Mühe einen angemessenen Abschluss findet, sollte am Ende Ihrer Rede zunächst eine kurze *Zusammenfassung* Ihrer Hauptgedanken stehen:

- »Ich fasse zusammen. Mir ging es erstens um…, zweitens um…, und drittens um…«
- »Zusammengefasst: Ich habe gezeigt, dass erstens…, dass zweitens… und dass schließlich drittens…«

Wie Sie wirksam schließen, hängt von dem Ziel und der Art Ihrer Rede ab. Sie können zum Beispiel schließen mit

- einer Schlussfolgerung,
- einem Ausblick,
- einem Appell,
- einem einprägsamen Bild, Leitgedanken oder Motto.

Verständnisorientierte Kommunikation

Im Zentrum stand bisher selbstbewusstes Denken, Reden und Handeln vor allem in eher unerfreulichen Situationen: Andere kritisieren Sie, andere verwenden rhetorische Tricks. Sie müssen sich wehren oder durchsetzen – usw.

Wir wollen zum Schluss einen Perspektivenwechsel vornehmen. Unser Thema bleibt selbstsicheres Reden, doch unser Bezugspunkt wechselt. Im Vordergrund steht nun die Kommunikation mit Menschen, die Ihnen nahestehen, mit Menschen, die Sie mögen, die Ihnen viel bedeuten – Menschen, denen Sie mit Verständnis begegnen wollen.

Wir beginnen mit einer kleinen Selbstüberprüfung: Stellen Sie sich vor, Sie treffen sich mit Ihrer Freundin. Im Verlauf der Unterhaltung sagt sie zu Ihnen u. a.:

- »Immer dann, wenn ich mich besonders darauf gefreut habe, mit ihm zusammenzusein, geht alles schief.«
- »Also manchmal glaube ich, ich schaffe es nicht mehr. Von morgens bis abends immer nur rumrennen.«
- »Gestern lief es richtig prima. Ich kam nach Hause und habe mich gleich an den Schreibtisch gesetzt. Das Referat war im Nu fertig.«
- »Ich werde Petra nie wieder um einen Gefallen bitten. Ich habe es doch nicht nötig, immer wie eine Bettlerin anzukommen.«

164 *Verständnisorientierte Kommunikation*

X Wir bieten Ihnen für jeden dieser Sätze Reaktionen an. Kreuzen Sie bitte die Reaktion(en) an, die Sie für verständnisorientiert halten.

»Immer dann, wenn ich mich besonders darauf gefreut habe, mit ihm zusammenzusein, geht alles schief.«
O »Das kann ja auch an dir liegen.«
O »Du bist aber auch überempfindlich.«
O »Macht dich das traurig?«
O »Wahrscheinlich freust du dich vorher zu sehr und bist deswegen dann enttäuscht.«

»Also manchmal glaube ich, ich schaffe es nicht mehr. Von morgens bis abends immer nur rumrennen.«
O »Ja, das Leben ist eines der schwersten.«
O »Mach es dir doch mal etwas bequemer!«
O »Auf mich machst du aber einen munteren Eindruck.«

»Gestern lief es richtig prima. Ich kam nach Hause und habe mich gleich an den Schreibtisch gesetzt. Das Referat war im Nu fertig.«
O »Siehst du! Es geht doch, wenn du willst.«
O »Hat dich das erstaunt?«
O »Es liegt wahrscheinlich an deiner Einstellung zur Arbeit.«

»Ich werde Petra nie wieder um einen Gefallen bitten. Ich habe es doch nicht nötig, immer wie eine Bettlerin anzukommen.«
O »Das hast du auch wirklich nicht nötig.«
O »Das ist genau das Falsche!«

Kommunikations-Barrieren

»Immer dann, wenn ich mich besonders darauf gefreut habe, mit ihm zusammenzusein, geht alles schief.« Folgende Antworten sind unserer Meinung nach unangemessen:

- »Das kann ja auch an dir liegen.«
- »Du bist aber auch überempfindlich.«
- »Wahrscheinlich freust du dich vorher zu sehr und bist deswegen dann enttäuscht.«

Unangemessen sind sie aus folgendem Grund: Unabhängig davon, wie diese Antworten gemeint sind, zielen sie nicht darauf ab, die vorangegangene Aussage zu verstehen und Verständnis für die Sprecherin zu zeigen. Statt sich um Verständnis zu bemühen, wird als erstes

- eine Interpretation angeboten (»Das kann ja auch an dir liegen«) oder
- eine Schuld zugewiesen (»Du bist aber auch überempfindlich«) oder
- eine Analyse versucht (»Wahrscheinlich freust du dich vorher ...«).

Verständnisorientiert bedeutet dagegen: sich darum zu bemühen, die Situation und die Gefühle der betroffenen Person zu verstehen. Das kommt in dem Satz zum Ausdruck: »Macht dich das traurig?« Diese Frage will das Gefühl erkunden. Und es macht einen großen Unterschied – und ist daher für den weiteren Gesprächsablauf sehr wichtig –, ob Ihre Freundin traurig oder ärgerlich ist, wenn »alles schief geht«.

»Also manchmal glaube ich, ich schaffe es nicht mehr. Von morgens bis abends immer nur rumrennen.« Wir finden keine der drei Antworten verständnisorientiert. Es handelt sich vielmehr um

- einen Allgemeinplatz (»Ja, das Leben ist eines der schwersten«),
- einen Ratschlag (»Mach es dir doch mal etwas bequemer«),
- eine Widerrede (»Auf mich machst du aber einen munteren Eindruck«).

Ratschläge können auch Schläge sein. Und zwar vor allem dann, wenn sie die erste Reaktion sind. Die Aussage: »Also manchmal glaube ich, ich schaffe es nicht mehr. Von morgens bis abends immer nur rumrennen«, ist nicht sehr präzise:

- Was schafft die Sprecherin nicht mehr?
- Wo rennt sie herum?
- Warum rennt sie von morgens bis abends herum?
- Für wen rennt sie herum?
- Wie fühlt sie sich (überlastet, ausgenutzt)?

Bevor Sie einen Ratschlag geben, sollten Sie sicherzustellen, dass

- Sie Ihre Gesprächspartnerin wirklich verstanden haben,
- Ihr Gesprächspartner einen Rat will und ihn auch annehmen kann.

Allgemeiner: Viele Menschen sind sehr schnell mit Ratschlägen bei der Hand. Es ist sehr angenehm, anderen Ratschläge zu geben. In den meisten Fällen tut ein solches Verhalten nur denen gut, die Ratschläge geben. Ratschläge anzunehmen macht meist keine Freude, zumal dann, wenn unser Gegenüber sofort mit einem Ratschlag reagiert und sich keine Mühe macht, uns erst einmal zu verstehen.

Kommunikations-Barrieren

»Gestern lief es richtig prima. Ich kam nach Hause und habe mich gleich an den Schreibtisch gesetzt. Das Referat war im Nu fertig.«

»Hat dich das erstaunt?« ist eine angemessene Reaktion. Mit ihr wird versucht zu erkunden, wie die Sprecherin die Situation erlebt hat. Für nicht zweckdienlich halten wir Appelle (»Siehst du! Es geht doch, wenn du willst«) und vorschnelle Analysen (»Es liegt wahrscheinlich an deiner ...«).

»Ich werde Petra nie wieder um einen Gefallen bitten. Ich habe es doch nicht nötig, immer wie eine Bettlerin anzukommen.«

Auch hier halten wir keine der Antworten für empfehlenswert. Es sind Ratschläge und keine Bemühungen um Verständnis.

X Nach diesen ersten Hinweisen zur verständnisorientierten Kommunikation fordern wir Sie zu einem zweiten Versuch auf. Stellen Sie sich folgende Situation vor: Seit sechs Jahren gestalten Sie und eine Ihrer Freundinnen in der Vorweihnachtszeit einen Wohltätigkeitsbasar. Im November planen Sie gemeinsam diesen Basar. Ihre Freundin hat in den zurückliegenden Jahren immer zuverlässig mitgearbeitet. Heute fahren Sie zu Ihrer Freundin, um den nächsten Basar vorzubereiten. Als Sie ankommen, sagt Ihre Freundin: »Ich fühle mich sehr schlecht, ich habe starke Kopfschmerzen.« Welche Reaktion halten Sie für angemessen und welche nicht?

- »Du fühlst dich sehr schlecht, du hast starke Kopfschmerzen.«
- »Du solltest vielleicht abends früher ins Bett gehen.«
- »Ich vermute, du hast gestern zu viel getrunken.«
- »Nein, also ich fühle mich sehr wohl.«

Alle vier Antworten sind »Kommunikations-Killer«. Geben wir ihnen einen Namen:

- Nachplappern,
- Ratschlag,
- Analyse,
- Nein, ich.

Sie haben nun eine ganze Reihe solcher »Kommunikations-Killer« kennengelernt. Wir stellen die geläufigsten zusammen:

- Nachplappern
- Ratschlag geben
- Analysieren
- Nein, ich/(bei) mir
- Bewerten
- Widersprechen
- Belehren
- Neues Thema einbringen
- In die Pflicht nehmen
- Anweisen (Befehlen)
- Trösten
- Ironie
- Schmeicheln
- Kettenfragen stellen
- Interpretieren
- Loben
- Lösungen vorwegnehmen
- Ernsthaftigkeit absprechen
- Recht sprechen

Ein Ratschlag kann sehr nützlich, Trost kann sehr hilfreich sein. Trost und Ratschlag werden zu Kommunikations-Barrieren,

- wenn sie ausgesprochen werden, bevor Sie Ihr Gegenüber wirklich verstanden haben,
- wenn nicht sichergestellt ist, dass Ihr Gegenüber Trost oder einen Ratschlag möchte oder aufnehmen kann.

Kommunikations-Hilfen

Welche Gesprächselemente sind kommunikations- und verständnisfördernd?

1. *Stellen Sie Fragen*
2. *Machen Sie Konflikte deutlich*
3. *Zeigen Sie Aufmerksamkeit*
4. *Unterstützen Sie*
5. *Sagen Sie nichts*
6. *Geben Sie ein Echo*

1. *Stellen Sie Fragen*
   - Informationsfragen: »Ich habe dich nicht ganz verstanden. Was stört dich an …?« Geben Sie immer den Grund der Frage an (»Ich habe dich jetzt nicht ganz verstanden.«), und halten Sie die Zahl der Informationsfragen gering.
   - Weiterführende Fragen: »Und was passierte dann?«
   - Fragen nach dem Gefühl: »Wie hast du dich gefühlt, als Claudia das sagte?«
   - Fragen zur Vorgehensweise: »Wie willst du jetzt vorgehen?«

   Fragen müssen wirkliche Fragen sein. Wenn Sie einen Vorschlag machen möchten, machen Sie einen, aber kleiden Sie ihn nicht in eine Frage.

2. *Machen Sie Konflikte deutlich*
   - »Auf der einen Seite möchtest du am liebsten kündigen, auf der anderen Seite bist du auf das Geld angewiesen.«
   - »Auf der einen Seite möchtest du gerne alleine verreisen, auf der anderen Seite befürchtest du, dass dein Freund das nicht versteht.«

3. *Zeigen Sie Aufmerksamkeit*
   Das ist die Grundvoraussetzung für verständnisorientierte Kommunikation. Schauen Sie Ihre Gesprächspartnerin an, lehnen Sie sich nicht zurück, sondern beugen Sie sich leicht nach vorn.

4. *Unterstützen Sie*
   Zeigen Sie Ihrem Gesprächspartner, dass Sie zuhören. Unterstützen Sie seine Mitteilungen durch ein gelegentliches Kopfnicken oder ein »hm-hm«.

5. *Sagen Sie nichts*
   Nichts sagen, eine produktive Pause, kann eine große Hilfe sein. Räumen Sie Ihrer Gesprächspartnerin Zeit ein, ihre Gedanken zu entwickeln. Reagieren Sie nicht vorschnell, wenn Ihr Gesprächspartner kurze Zeit nichts sagt.

6. *Geben Sie ein Echo*
   Wiederholen Sie, wenn es Ihnen wichtig erscheint, die Aussage Ihrer Gesprächspartnerin in *eigenen* Worten.

✗ Eine kleine Übung: Notieren Sie zu folgenden Aussagen einer Freundin oder Ihres Partners mehrere Antworten

1. »Meine Kollegin hat heute angekündigt, dass sie nächste Woche zur Kur fährt. Ich frage mich, wie ich die Arbeit schaffen soll.«

2. »Ich denke nicht daran, den Rasen zu mähen. Glaubst du, ich habe nichts anderes zu tun?«

3. »Ich möchte schon seit Wochen Birgit anrufen und ihr sagen, dass ich mich über sie geärgert habe. Ich habe aber Bedenken, dass sie das nicht versteht.«

Stellen Sie Fragen. – Geben Sie ein Echo. – Machen Sie den Konflikt deutlich.

Sie werden vielleicht fragen, was selbstsicheres Reden mit unseren Hinweisen zur verständnisorientierten Kommunikation zu tun hat. Wir meinen, dass in zweifacher Hinsicht ein Zusammenhang besteht:

1. Mit der Kompetenz zur verständnisorientierten Kommunikation können Sie gelassener reagieren, wenn Ihre Partnerin oder Ihr Partner mit Problemen zu Ihnen kommt. Wenn Sie wissen, dass Sie in der Lage sind, ein verständnisorientiertes Gespräch zu führen, wird sich die Belastung Ihrer Gesprächspartnerin, Ihres Gesprächspartners nicht so leicht auf Sie übertragen. Sie können sich also als ruhig und gelassen erleben. Das ermöglicht Ihnen, sich wirklich auf Ihr Gegenüber zu konzentrieren und dadurch wirklich hilfreich zu sein. Diese Erfahrung wiederum macht es unnötig, Gesprächssituationen auszuweichen, die Sie bisher als belastend oder konflikthaft empfunden haben. Diese Sicherheit schließlich gibt Ihnen die Möglichkeit, sich zunächst umfassend zu informieren und dann zu entscheiden, ob Sie weitergehende Hilfe oder Unterstützung geben wollen oder nicht.

2. Wenn Sie damit vertraut sind, welche Gesprächsmuster eine verständnisorientierte Kommunikation verhindern, können Sie sich selbstbewußt verhalten, wenn andere Menschen »Kommunikations-Killer« verwenden. Das ist eine

große Hilfe, um auf die Unzulänglichkeiten anderer nicht mit Resignation zu reagieren, sich nicht enttäuscht, gekränkt oder beleidigt zurückzuziehen, sich nicht abgelehnt oder verunsichert zu erleben. Sie können eindeutig benennen, was Sie stört, welche Gesprächsmuster Ihnen nicht helfen, welche Reaktionen Sie sich wünschen:

- »Ich möchte, dass du meine Unsicherheit ernst nimmst, statt mir zu sagen, was ich alles schon geschafft habe.«
- »Bitte hör dir meine Gründe erst an, bevor du meine Entscheidung bewertest.«
- »Mit Ratschlägen ist mir im Moment nicht gedient.«

Wenn Sie unmissverständlich sagen, wie Sie sich eine verständnisorientierte Kommunikation wünschen, die Ihnen hilft, haben Sie ein häufig anzutreffendes Denkmuster überwunden: »Sind die anderen doch selbst schuld, wenn ich mich resigniert und enttäuscht zurückziehe und mit meiner Belastung allein dastehe. Sie hätten ja mehr Verständnis für mich aufbringen können.«

Literaturhinweise

Neben unseren Kurserfahrungen sind Gedanken und Anregungen aus anderen Veröffentlichungen in diesen Leitfaden eingegangen. Eine kleine Auswahl haben wir zur Ergänzung und Vertiefung der einzelnen Kapitel zusammengestellt.

Lernprogramm und Persönliche Rechte

Frigga Haug (Hrsg.): *Erziehung zur Weiblichkeit. Alltagsgeschichten und Entwurf einer Theorie weiblicher Sozialisation.* Hamburg: Argument-Verlag 1984.

Frigga Haug (Hrsg.): *Sexualisierung der Körper.* 3. Aufl. Hamburg: Argument-Verlag 1991.

Frigga Haug, Kornelia Hauser (Hrsg.): *Subjekt Frau. Kritische Psychologie der Frauen.* 2. Aufl. Hamburg: Argument-Verlag 1988.

Frigga Haug, Kornelia Hauser (Hrsg.): *Der Widerspenstigen Lähmung. Kritische Psychologie der Frauen, Band 2.* 2. Aufl. Hamburg: Argument-Verlag 1990.

Kritisieren und kritisiert werden

Barbara Berckhan: *Die etwas gelassenere Art, sich durchzusetzen. Ein Selbstbehauptungstraining für Frauen.* 13. Aufl. München: Kösel-Verlag 1998.

Diskussionen bestehen

Wolfgang Fricke: *Erfolgreich verhandeln. Diskussionsleitung, Verhandlungsvorbereitung, Verhandlungsführung.* 3. Aufl. Köln: Bund-Verlag 1995.

Rhetorische Strategien abwehren

Zu diesem Kapitel können wir, mit einer Ausnahme, kein Buch empfehlen. Wir halten nichts davon, nach Wegen zu suchen, wie andere überrumpelt werden können. Wenn Sie konkret und direkt, wenn Sie selbstsicher reden, brauchen Sie keine rhetorischen Tricks und Kniffe. Die Ausnahme: Wenn Sie wissen möchten, wie Sie rhetorische Strategien im Bereich der Wissenschaft abwehren können, finden Sie nützliche Hinweise bei: Norbert

Franck: *Fit fürs Studium. Erfolgreich reden, lesen, schreiben.* 3. Aufl. München: Deutscher Taschenbuch Verlag 1999.

Nicht überhört werden

Luise F. Pusch: *Das Deutsche als Männersprache.* Frankfurt/Main: Suhrkamp 1996.

Senta Trömel-Plötz (Hrsg.): *Vatersprache – Mutterland. Beobachtungen zu Sprache und Politik.* München: Verlag Frauenoffensive 1992.

Senta Trömel-Plötz (Hrsg.): *Frauensprache: Sprache der Verständigung.* Frankfurt/Main: Fischer 1996.

Senta Trömel-Plötz (Hrsg.): *Gewalt durch Sprache. Die Vergewaltigung von Frauen in Gesprächen.* 14. Aufl. Frankfurt/Main: Fischer 1997.

Fordern und ablehnen

Mary Field Belenky u. a.: *Das andere Denken. Persönlichkeit, Moral und Intellekt der Frau.* 2. Aufl. Frankfurt/Main, New York: Campus-Verlag 1991.

Barbara Berckhan: *Die etwas gelassenere Art, sich durchzusetzen. Ein Selbstbehauptungstraining für Frauen.* 13. Aufl. München: Kösel-Verlag 1998.

Referat, Vortrag, Rede

Zu diesem Thema können wir nur Studentinnen weiterführende Literatur empfehlen:

Norbert Franck: *Fit fürs Studium. Erfolgreich reden, lesen, schreiben.* 3. Aufl. München: Deutscher Taschenbuch Verlag 1999.

Marita Pabst-Weinschenk: *Reden im Studium. Ein Trainingsprogramm.* Frankfurt/Main: Cornelsen Verlag Scriptor 1995.

Ursula Steinbuch: *Raus mit der Sprache. Ohne Redeangst durchs Studium.* Frankfurt/Main, New York: Campus-Verlag 1998.

Verständnisorientierte Kommunikation

Friedemann Schulz von Thun: *Miteinander reden 1 + 2: Störungen und Klärungen. Stile, Werte und Persönlichkeitsentwicklung. Psychologie der Kommunikation.* Reinbek: Rowohlt 1998.

Sachregister

Abkürzung 148
Ablehnung 19
Anerkennung 48f.
Ängste 14, 150
Anschaulichkeit 148
Argumentationsstruktur 58
Argumente 43ff., 51f., 55ff., 81, 85, 97, 123ff.
Aufforderungen (indirekte, versteckte) 117ff.
Aufmerksamkeit 170
Ausreden 85ff., 107ff., 115

Bedenkzeit 107
Bedürfnisse 14ff., 19ff., 22ff., 29, 100ff., 107ff.
Beschönigungen 101
Bewertungsfallen 96
Beziehungsdimension 97
Blickkontakt 154

Denken 11
Denkplan 44ff., 57ff., 98f., 125f.
Denkweisen 12f.
Dialekt 154
Diplomatie 131ff.
Diskussionsverlauf 53
Dominanzmechanismus 96
Drohungen 37, 122, 153
Du-Botschaften (-Aussagen, -Formulierungen) 27f., 31, 33, 44, 121

Egoismus 18
Eigenlob 152
Eindrücke 27
Einfühlungsvermögen 133
Empathie 133
Entscheidung 103, 106, 110f.

Entschuldigungen 104, 152
Erklärungen 110f.

Fehler 12, 20, 38
Floskeln 99, 152
Formulierungshilfen 67
Forderungen 14, 82–105, 116ff., 123ff.
Fragen 169
– Informations- 68
– offene 68, 71
– polemische 81, 85
– provokative 68
– Suggestiv- 81, 85
Frauenbild 100ff.
Fremdwörter 148

Gefühle 13, 21ff., 27ff., 35ff., 89f., 94ff., 119ff.
Gegenfrage 76
Gesprächsverhalten 74ff.
Gestik 156

Hilfestellung 43, 67, 113f.

Ideensammlung 137ff.

Klagen 117
Kommunikations-Barrieren 127ff.
Kommunikations-Hilfen 130ff.
Kompetenz (absprechen) 82, 86
Komplimente 38
Konflikte 170
Körperhaltung 155
Kritik 14, 20–40

Lampenfieber 115f., 150
List 131
Lob 38, 48f.

Machtausübung 110
»Männerbonus« 75
Manipulation 33, 106, 117
Manuskript 141ff., 155
Meinung 14, 20ff., 29, 63f.
Meinungswandel 88
Mimik 157f.
Mind-Map 145
Missverständnis(se) 24, 29, 31
Modewörter 148
Mystifizieren 82, 86

Name-dropping 82, 87
Nein 82ff., 103ff.

Pauschalierung 34
Pausen 158
Persönlichkeit 9
Provokationen 106, 115

Ratschläge 166ff.
Reaktion 73, 76, 84ff., 164
Reaktionsmuster 80
Rechtfertigungen 104
Redeverlauf 59ff., 125f.
Roter Faden 160
Rotwerden 153
Rückmeldung 37f.
Rücksichtslosigkeit 17

Sachzwänge 81, 86
Scheinhöflichkeit 83, 89
Scheinzustimmung 82, 86
Schmeicheleien 82, 86, 106, 115
Schuld 38
Schuldgefühle 30, 80, 101f., 115, 129
Schwächen 112f., 115
Selbstbekehrung 80, 82, 88
Selbstbewusstsein 14, 17, 19, 73, 92f., 95, 99, 132
Selbstbild 73
Selbstlosigkeit 100ff., 128
Selbstvertrauen 47, 53, 92
Selbstwertgefühl 19, 128
Skrupel 107

Sprachgebrauch 91
Sprachmuster, rhetorische 79ff.
Standpunkt 60ff.
Stegreifrede 135
Stichwortkonzept 141ff.
Stress 150f.

Tagesordnung 69f.
Themeneingrenzung 140
Themenerarbeitung 141, 145
Trömel-Plötz, Senta 92

Überbrückungssatz 75
Unsicherheit(en) 14, 29, 97, 121
Unsicherheits-Progamm 17, 22f.
Unterbrechungen 100

Verallgemeinerungen (unzulässige) 83, 89
Verantwortung 14, 32, 38, 98
Verantwortungslosigkeit 17
Verdrängung 20, 26
Verhalten 11, 48
Verhaltensmuster 23
Verhaltensweisen 12f., 48
Vermutungen 27
Verniedlichungen 101
Verschiebung 26
Versprecher 160
Verständlichkeit 148
Verunglimpfen 83, 89
Verunsichern 81, 85
Vielredner 60, 77

Watzlawick, Paul 20
Weil-Satz 12
Widerspruch 63
Witze 102
Wünsche 13, 20ff., 103, 107, 116ff.

Ziele 15
Zielsatz 57ff., 123, 141
Zurückhaltung 19
Zwecksatz 44ff., 57ff., 123, 141
Zwischenfragen, -rufe 56ff., 58ff.